JEAN DE BRIENNE,

EMPEREUR DE CONSTANTINOPLE

ET ROI DE JÉRUSALEM,

PAR

M. L'ABBÉ ÉTIENNE GEORGES,

CURÉ DE VOSNON,

MEMBRE ASSOCIÉ DE LA SOCIÉTÉ ACADÉMIQUE DE L'AUBE.

TROYES

TYP. BOUQUOT, RUE NOTRE-DAME.

—

1858.

Tiré à 25 exemplaires.

JEAN DE BRIENNE,

EMPEREUR DE CONSTANTINOPLE

ET ROI DE JÉRUSALEM.

⸺◆⸺

Un gentilhomme, vassal des comtes de Champagne, devient roi de Jérusalem et empereur de Constantinople : voilà le merveilleux de cette histoire. On croit d'abord que c'est un de ces coups de la main de Dieu, qui tire l'être du néant, et qui dispose à son gré des empires. Mais quand on verra en détail la conduite de Jean de Brienne, alors on croira que son élévation est moins l'ouvrage de la fortune et du hasard que le fruit des talents et la récompense de la vertu.

(*Histoire de Jean de Brienne*, par le père Lafiteau, liv. I, p. 2.)

I.

Dans la région orientale du département de l'Aube, sur le sommet d'une montagne d'où l'on domine une vaste plaine couverte aujourd'hui de nombreux et riches villages, à dix lieues environ de la ville de Troyes, capitale de la Champagne, s'élevait, depuis un temps immémorial, un château-fort, avec accompagnement de donjons, tourelles, créneaux, fossés, ponts-levis, machicoulis et autres moyens de défense qui composaient un ensemble redoutable et d'un aspect imposant. Ce château appartint longtemps au domaine royal. Vers le milieu du dixième siècle, que les chroniqueurs ont appelé, à juste titre, un siècle de fer, Hisemberg en était gouverneur pour le roi. Dans ce moment la dynastie des Carlovingiens s'abimait dans un chaos de crimes et de désastres, et une autre dynastie ne se fondait que sur les débris fumants de la société. Les ravages des Normands avaient semé la désolation sur toute la surface de la Gaule franque ; chaque province, chaque ville, chaque bourg s'était armé vainement pour arrêter ce fléau ; enfin, les farouches conquérants du Nord allèrent s'établir paisiblement dans la Neustrie, la première contrée du territoire gallo-franc qu'ils avaient rendue victime de leur fureur.

Alors, en 951, deux vaillants hommes, comme disent les chroniques, s'emparèrent de la forteresse de *Brenna :* c'étaient Gotberg et Engilberg, frères par le sang et plus encore par les armes ; Engilbert survécut à son frère, hérita de sa part de conquête, et fut la tige des comtes de Brienne, une des maisons les plus illustres et les plus anciennes de France. Elle a produit trois connétables, d'autres grands officiers de la couronne, des rois de Jérusalem et de Sicile, des empereurs de Constantinople, des ducs d'Athènes, en sorte qu'elle a brillé du plus vif éclat dans toute l'Europe et jusque dans l'Orient asiatique.

L'apparition des Normands, leurs courses incendiaires au travers du pays, leurs cruautés impitoyables, avaient donné lieu à un armement universel que des chefs valeureux dirigèrent dans le but d'une défense commune ; mais une fois que la cause de cette coalition contre les Barbares eut disparu, les principaux guerriers qui avaient agi le plus efficacement pour repousser le torrent dévastateur refusèrent de déposer les armes et s'érigèrent en souverains de la portion territoriale qu'ils avaient protégée contre les envahisseurs du Nord. La royauté toute récente des Capétiens s'épuisa en efforts impuissants pour s'opposer à ces usurpations très-alarmantes. Son autorité, encore mal affermie, fut non seulement méconnue, mais encore fort menacée ; les premiers princes de cette dynastie se virent même réduits au silence.

Engilbert, souche de l'arbre généalogique des anciens comtes de Brienne, sut profiter de cet affaiblissement de l'autorité royale, et obtint de Hugues Capet l'érection de la terre de Brienne en fief héréditaire avec le titre de comté. Depuis cette époque, cinq familles ont été en possession de cette puissante seigneurie qui, dans le cours de huit siècles, n'a été ni aliénée ni morcelée ; elle a passé successivement, par héritage ou mariage, de la première à la cinquième de ces races de haut lignage. La plus célèbre et la plus antique a été la tige des comtes d'Eu et de Guignes, des vicomtes de Beaumont-au-Maine, des seigneurs de Ramerupt, des comtes de Bar-sur-Seine, et des sires de Conflans. La deuxième famille, connue sous le nom d'Enghien et d'Argos, a produit plusieurs connétables. La troisième, portant le nom de Luxembourg-Ligny, a été la tige des ducs de Piney. La quatrième, désignée sous la dénomination de Béon de Massès, n'a pas eu de durée. La cinquième, celle de Loménie, a acquis dans les temps modernes beaucoup d'illustration.

II.

Toutes les gloires de cette antique maison semblent personnifiées dans le vertueux et brave Jean de Brienne, empereur de Constantinople et roi de Jérusalem. Il naquit vers le milieu du douzième siècle ; c'était le troisième fils d'Erard II, comte de Brienne, et d'Agnès de Montbelliard. Ses parents, qui possédaient dans leur beau domaine les abbayes de Beaulieu, près de Trannes, et de Basse-Fontaine, près de Brienne, et qui ne voyaient peut-être pas d'autre moyen d'assurer à leur enfant un avenir digne de la splendeur de son nom, le destinèrent dès sa jeunesse à l'état ecclésiastique ; mais élevé dans une famille de guerriers, et moins sensible aux charmes de la piété qu'ébloui par ceux de la gloire, il refusa d'obéir à la sollicitation tyrannique et aux vues ambitieuses des auteurs de ses jours. Comme son inflexible père voulut employer la force pour le contraindre à embrasser la carrière du sacerdoce, il se déroba secrètement de la maison et alla chercher dans le monastère de Clairvaux un asile contre la colère paternelle. Dans cette retraite, Jean de Brienne fut confondu avec la foule des cénobites, et se livra comme eux au jeûne, à la prière et à toutes les bonnes œuvres de miséricorde spirituelle et corporelle. Cependant les austérités du cloître ne pouvaient s'allier avec son ardeur martiale, avec sa passion naissante pour le métier des armes ; souvent, au milieu des cérémonies religieuses, ou bien dans le recueillement de ses méditations, les

images des tournois et des combats venaient distraire sa pensée
et troubler son esprit. Un de ses oncles, Simon de Broyes, seigneur de Châteauvillain, l'ayant trouvé à la porte du monastère
dans un état peu convenable à un gentilhomme, lui témoigna
beaucoup de sympathie ; le jeune cénobite lui ouvrit le fond de
son cœur et lui expliqua ses peines. Simon, qui pensait un peu
militairement, goûta les raisons de son neveu, l'emmena chez
lui, encouragea ses dispositions naturelles, et le fit son chevalier.

III.

En ce temps-là, un enfant de noble origine se préparait de
bonne heure à devenir chevalier. Dès l'âge de sept ans il entrait
comme varleton ou page dans la maison d'un haut lignage, qui
se chargeait de son avenir. Des gens experts le préparaient aux
durs travaux de la guerre, autant que ses forces le permettaient ;
des clercs soignaient également son éducation morale et religieuse ; son féal maître lui donnait des leçons de vaillance et
de courtoisie. Au bout de sept années, le novice prenait le titre
d'écuyer ; il accompagnait le feudataire dans les tournois, et
portait avec orgueil les diverses pièces de son armure. Sa mission ne tardait pas à devenir plus périlleuse, car les cris de
guerre se faisaient entendre et les hostilités commençaient :
l'écuyer ne quittait plus le baron ; chevauchant derrière lui, il
conduisait le grand cheval de bataille de son seigneur ; durant
l'action, il était attentif à lui fournir des armes neuves ou des
chevaux frais, en cas de besoin, à le relever et à le défendre
des coups de l'ennemi, ou à recevoir ses prisonniers. L'honneur
lui faisait une loi de ne jamais abandonner son maître et de
mourir à ses côtés, si la rigueur du sort exigeait ce sacrifice.

C'était à vingt-deux ans, à la suite d'un apprentissage aussi
rude, sauf les exceptions en faveur d'une naissance illustre ou
d'un courage prématuré, que le jeune écuyer pouvait être admis
à la chevalerie. Des jeûnes austères, des nuits passées en prière
avec un prêtre et des parrains, dans des églises ou des chapelles,
les sacrements de la pénitence et de l'eucharistie reçus avec
dévotion, des bains qui figuraient la pureté nécessaire dans
l'état de la chevalerie, des habits blancs pris à l'imitation des

néophytes comme le symbole de cette même pureté, un aveu
sincère de toutes les fautes de sa vie, une attention sérieuse à
des instructions où l'on expliquait les principaux articles de la
foi et les préceptes de la morale chrétienne, tels étaient les pré-
liminaires de l'acte par lequel le novice acquérait la dignité de
chevalier. Dans la première période, qu'un écrivain moderne a
surnommée sagement les temps héroïques du Christianisme,
les prêtres présidaient à la cérémonie de l'armement. A l'issue
d'une messe solennelle, le ministre sacré, entouré d'une nombreuse assistance, conférait l'ordre au candidat et lui ceignait
l'épée chevaleresque. Ensuite, on amenait un cheval que le
nouveau chevalier montait souvent sans s'aider de l'étrier.
Pour faire parade de sa nouvelle dignité autant que de son
adresse, il caracolait en faisant brandir sa lance, flamboyer
son épée. Peu après, il se montrait dans le même équipage au
milieu d'une place publique ; il était convenable que le peuple
ne tardât point à connaître celui qui devenait son défenseur.

Tout ce cérémonial, empreint de l'esprit religieux, et d'une
gravité imposante, pouvait inspirer au noble preux des senti-
ments de retenue et de piété fort capables d'agir sur le reste de
sa vie. Les vertus essentielles du chevalier étaient la foi, ou
adhésion entière de l'esprit et du cœur aux vérités divinement
révélées ; la loyauté, ou fidélité inviolable à ses engagements
de vassal ou de sujet envers son seigneur ou son prince ; la
courtoisie, ou suprême degré de savoir-vivre, qui consistait
moins dans la connaissance d'une étiquette cérémonieuse,
qu'il ne fallait pourtant pas négliger, que dans la modestie
spontanée, l'abnégation de soi-même, le respect pour les
autres ; la magnificence qui faisait un devoir de prodiguer ses
richesses surtout aux ménestrels, aux pélerins et aux chevaliers
malheureux. Il faut avouer qu'on est un peu embarrassé de
trouver dans l'histoire le chevalier pieux, loyal, courtois, libé-
ral, le parfait chevalier enfin. Tel était cependant Jean de
Brienne, vivante personnification de toutes les vertus chevale-
resques, véritable idéal de cette dignité, la plus haute que pût
ambitionner un noble guerrier, modèle accompli, type admi-
rable du héros chrétien.

Aussi se distingua-t-il entre tous les chevaliers de la Champagne, qui l'emportaient alors sur toute la chevalerie, non
seulement de France, mais de toute l'Europe ; et celui que l'on

destinait aux fonctions pacifiques du sacerdoce, au paisible service des autels, ne tarda pas à se faire une grande renommée par sa bravoure et ses exploits. Il brilla d'abord dans les tournois. Les jeunes gens regardaient ces simulacres de guerre comme une école honorable pour se former au métier des armes; les hommes faits, comme une occasion de déployer leur force et leur adresse; les amants, comme un moyen d'acquérir l'estime de leurs maîtresses; car les dames présidaient à ces jeux, distribuaient le prix, et donnaient, avant le combat, ce qu'on appelait faveur, joyau ou enseigne, dont le chevalier privilégié couvrait le haut de sa lance, ou quelqu'autre partie de son armure. Ces fêtes militaires entraînaient dans beaucoup de dépenses les preux qui d'ordinaire s'y montraient couverts d'armes brillantes, ombragés de panaches, vêtus d'écharpes de soie, avec des coursiers surchargés de riches ornements. Jean de Brienne ne se contenta pas d'y remporter le prix de la bravoure contre tous les tenants, il sut encore y paraître avec un certain éclat; il trouvait dans la bourse de ses intimes, dans une sage économie ou dans son goût exquis, les ressources que lui refusait son implacable père. D'ailleurs ses qualités physiques et morales suppléaient largement en lui à la médiocrité de sa fortune. Un chroniqueur contemporain disait qu'il était le plus beau des enfants des hommes. Sa haute stature, son air plein de grandeur, l'harmonieux ensemble de ses formes corporelles justifiaient l'application de cette parole empruntée au texte sacré. L'âge même le plus avancé altéra peu cette mâle beauté. Un officier de l'empire d'Orient qui le vit à Constantinople, et qui jugeait à son extérieur qu'il avait bien quatre-vingts ans et au-delà, assure qu'il fut comme saisi et dans le ravissement à l'aspect de ce vénérable prince, en qui la gravité du vieillard rehaussait encore la majesté du maintien.

La beauté physique était dans la personne de Jean de Brienne le miroir fidèle de la beauté morale : bon et populaire sans bassesse, noble et fier dans ses pensées sans entêtements et sans orgueil, brave sans ostentation, prudent sans duplicité, modeste sans hypocrisie, pieux sans bizarrerie, tout conspirait en lui à former l'homme de bien, l'homme d'honneur, en un mot, le type de l'homme honnête et chrétien.

IV.

Une quatrième croisade se préparait au moment où Jean de Brienne, alliant la plus ardente piété à la plus intrépide bravoure, élevait à sa plus haute puissance, au-dessus de tout amour profane, de tout attachement mondain, la perfection du chevalier. Les prédications du missionnaire apostolique, Foulques de Neuilly, avaient été fécondes en France. Le peuple des campagnes et les bourgeois des villes étaient encore mus par le religieux enthousiasme qui avait inspiré les premiers pélerinages en Terre-Sainte. De tous côtés, on courut aux armes. Une circonstance particulière détermina les volontés chancelantes de plusieurs des grands vassaux. Ils avaient pris parti pour Richard Cœur-de-Lion contre leur suzerain. Philippe-Auguste, dans la guerre que l'impétueux Richard avait soulevée dès son retour de la troisième croisade, pour se venger de son rival. Richard venait de mourir, frappé d'un coup d'arbalète, et ses alliers, restés seuls en présence du redoutable Philippe-Auguste, voyaient leurs terres en danger. A cette époque, lorsqu'un seigneur se croisait, sa personne et ses domaines passaient sous la haute protection de l'Eglise. Le pape Innocent III n'était pas homme à laisser affaiblir en ses mains cette autorité tutélaire. Les grands vassaux, assemblés pour un tournoi au château d'Ecris-sur-Aisne, s'arrêtèrent tout-à-coup au moment d'entrer en lice, s'armèrent du signe de la croix, et sauvèrent ainsi leurs terres. C'est une sublime épopée que cette quatrième croisade qui prend naissance en Champagne au commencement du douzième siècle; il faut lire dans Villehardouin, l'Homère de cette Iliade, les mille péripéties par lesquelles passèrent les soldats du Christ avant de placer un chevalier franc sur le trône des Comnènes! Combien de noms sortirent glorieux, immortels, de ces quelques années de combats sur terre et sur mer, de ces deux siéges de Constantinople où brilla la fleur de la chevalerie champenoise! Aussi notre province mérite-t-elle une grande part de l'honneur que fit rejaillir sur les Latins la conquête de l'empire grec.

Les frères Gauthier et Jean de Brienne, qui figuraient au nombre des chevaliers de cette gigantesque expédition, avaient un motif personnel d'aller combattre pour la délivrance du divin sépulcre. Erard, leur père, et André, seigneur de Ramerupt, leur oncle maternel, avaient servi en Palestine sous les étendards de l'armée chrétienne. André était mort en héros à la fameuse bataille de Ptolémaïs ; mais Erard y flétrit la gloire de ses premiers lauriers ; car, ayant vu son frère dangereusement exposé au fort de la mêlée, il passa outre avec les fuyards, comme s'il ne l'eût pas aperçu. Gauthier et Jean de Brienne avaient donc à réparer l'honneur de leur père et à soutenir la réputation de leur valeureux oncle. Mais un incident grave les détourna momentanément de l'expédition d'outre-mer.

V.

Sybille, veuve de Tancrède, comte de Lecce, fils naturel de Roger, duc de Pouille, échappa aux prisons de l'Allemagne, où le cruel Henri, fils de Frédéric Barberousse, pour se venger de l'usurpation de Tancrède, l'avait emmenée captive ; elle s'était réfugiée avec ses filles à la cour de France, asile des grandes infortunes. Philippe-Auguste, qui n'avait pas moins de sagesse que de grandeur d'âme, accueillit les princesses avec les plus vives marques de sympathie ; et après avoir longtemps rêvé aux moyens de les secourir efficacement dans leur exil, il ne crut pas pouvoir mieux agir, pour mettre l'illustre veuve en voie de rentrer dans ses états, que de lui donner un gendre capable d'oser entreprendre de les reconquérir ; et il jeta les yeux sur Gauthier, comte de Brienne, pour lui faire épouser Albérie, l'aînée des filles de Tancrède. Les noces furent célébrées avec magnificence à Melun, où le roi tenait alors cour plénière ; après la bénédiction nuptiale, des combats à la barrière, des joûtes, des danses, surtout des pas d'armes, animèrent les rives gazonnées de la Seine et les flancs verdoyants de la colline melodunoise. La nombreuse chevalerie invitée à cette fête y fit briller à l'envi ses devises, ses bannières, ses blasons émaillés, en même temps que les heaumes ciselés, les armures étincelantes d'or et d'acier, les cottes d'armes reluisantes d'émeraudes, de perles, de rubis et de saphirs. Les housses soie et velours des hauts destriers étaient également semées de pierreries. Un banquet magnifique réunit ensuite vainqueurs et vaincus, princes et chevaliers, reines et dames, autour d'une immense table dressée dans le château situé à l'extrémité occidentale de l'île. C'est ainsi que le généreux monarque déploya tout le luxe imaginable et toutes les distractions amusantes les plus capables de faire oublier aux princesses jusqu'au souvenir de leurs peines passées.

Les fêtes nuptiales étaient à peine terminées, que Gauthier de Brienne, désireux de soutenir les espérances qu'on avait fondées sur lui, pensa aux moyens de les réaliser le plus promptement possible. Il se concerta d'abord avec son frère Jean de Brienne, qu'il regardait comme son bras droit, comme son confident intime, comme son plus sage conseiller, comme un autre lui-même ; ils jugèrent l'un et l'autre qu'il fallait commencer par mettre dans leurs intérêts le souverain Pontife, de qui relevaient alors toutes les nations européennes. Ils s'acheminèrent donc vers Rome avec la reine Sybille, les princesses ses filles et soixante chevaliers champenois. Alors venait de monter dans la chaire pontificale l'un des plus grands hommes du moyen-àge, Innocent III, plein des idées de Grégoire VII, et résolu à les faire triompher. Il commença par consolider dans Rome le pouvoir temporel des papes, toujours très-précaire, força le préfet impérial à recevoir l'investiture de ses mains, réunit la marche d'Ancône et le duché de Spolète au domaine de Saint-Pierre, et tourna ses armes victorieuses vers la Toscane. La veuve d'Henri-le-Cyclope, l'impératrice Constance, qui gouvernait la Sicile au nom de Frédéric Roger, son fils unique, âgé seulement de trois ans, s'alarma des succès de l'armée pontificale ; elle était d'autant plus inquiète que les seigneurs allemands, à qui l'empereur Henri avait confié en Italie le soin de ses provinces, se comportaient en tyrans et cherchaient à s'établir, chacun de leur côté, sur les ruines de leur maître. Marcuald, duc de Romagne, le plus considérable et le plus dangereux de tous, dissimulait si peu ses prétentions qu'il osait publier que le fils de Constance était un enfant supposé ; il s'offrait d'en donner les preuves au pape Innocent III s'il voulait lui concéder les royaumes de Naples et de Sicile. L'impératrice Constance, qui avait une habileté et un courage au-dessus de son sexe, ne s'endormit pas dans ces terribles extrémités ; et tandis qu'elle faisait vivement la guerre à l'intrigant Marcuald, elle négocia si loyalement avec Innocent III, que ce pontife, qui trouvait plus de justice et de sûreté à traiter avec cette princesse qu'avec un homme fourbe, ambitieux, impie, donna l'investiture au jeune Frédéric Roger, sous la tutelle de Constance. Le premier soin de la régente avait été de renvoyer tous les Allemands ; et l'on pouvait attendre d'elle un gouvernement doux et équitable ; mais, sentant sa mort approcher, elle consomma sa vie par un chef-d'œuvre de politique ; elle songea que son fils courrait un grand risque de perdre le trône, si elle ne lui assurait une haute et puissante protection : elle légua donc en mourant, le 27 novembre 1198, la régence au pape Innocent III.

VI.

Telle était la situation des affaires du royaume napolitain, lorsque Gauthier et Jean de Brienne arrivèrent à Rome, pour faire valoir les droits d'Albérie, leur épouse et belle-sœur, à la couronne de Sicile. Le pape Innocent III hésita longtemps à prendre une décision. Les droits d'Albérie étaient effectivement aussi étendus et aussi légitimes que ceux de Frédéric, en sorte que favoriser l'entreprise du comte de Brienne, c'était soutenir la cause des deux compétiteurs et vouloir allier des intérêts inalliables. Cependant, réflexion faite, il crut avantageux pour Frédéric, livré qu'il était à la merci de l'ambitieux Marcuald et des seigneurs allemands, de leur opposer ce nouvel antagoniste. Il traita donc avec Gauthier de Brienne, après avoir consulté les cardinaux ; et, pour justifier sa conduite aux yeux du public, il obligea le comte et la princesse, son épouse, à lui prêter serment en plein consistoire. Les deux illustres voyageurs jurèrent qu'ils se contenteraient de la principauté de Tarente et de la comté de Liche, sans rien entreprendre sur les autres Etats de Frédéric, auxquels Guillaume, dont Albérie représentait les droits, avait renoncé, lorsqu'il fut forcé de se remettre à la discrétion de l'empereur Henri.

Gauthier et Jean de Brienne se hâtèrent de revenir en France pour réclamer les secours que Philippe-Auguste leur avait promis. A cette époque toute guerrière, toute remuante, le monarque était à la veille de recommencer avec un nouvel acharnement la lutte avec l'Angleterre, et il méditait déjà la croisade contre les Albigeois, ces insurgés religieux et politiques qui menaçaient l'ordre social dans le midi de la Gaule. Il ne put donner aux solliciteurs que vingt mille livres parisis, soixante hommes d'armes et quelques braves d'élite, auxquels se joignirent Gauthier de Montbelliard, Eustache de Conflans, Robert de Joinville et d'autres sires champenois, tous parents, alliés ou amis des comtes de Brienne. Fier de cette petite troupe, qui ressemblait moins à une armée qu'à un corps d'aventuriers, Gauthier s'en alla conquérir le royaume fondé jadis par les chevaliers normands. Il rencontra, en traversant le mont Cenis, le maréchal de Champagne, Geoffroy de Villehardouin : il revenait de Venise, où il avait été envoyé en ambassade pour obtenir de cette opulente république les vaisseaux nécessaires au transport des hommes et des chevaux en Orient. Le maréchal Villehardouin et le comte Gauthier se félicitèrent réciproquement sur les succès futurs de leurs expéditions, et promirent de se retrouver ensemble dans les plaines d'Egypte et de Syrie. Ainsi l'avenir n'offrait aux soldats de la guerre sainte que des victoires et des trophées, et l'espoir de posséder des royaumes lointains redoublait leur enthousiasme religieux et chevaleresque.

Les comtes Gauthier et Jean de Brienne continuèrent leur route à grandes journées ; et, parvenus à Rome, ils se présentèrent au souverain Pontife. Innocent III, encouragé par ces chevaliers intrépides, leur distribua cinq cents onces d'or pour lever de nouvelles troupes ; puis il expédia des lettres-circulaires aux évêques, aux gouverneurs des places, aux barons et aux peuples des Deux-Siciles ; il leur exposait les droits incontestables de Gauthier de Brienne à la principauté de Tarente et à la comté de Liche, du chef d'Albérie, son épouse, et le serment solennel que l'un et l'autre avaient fait de se contenter de cette portion de leur héritage ; il les exhortait en outre à les considérer comme les plus zélés défenseurs des intérêts du roi Frédéric, et à unir leurs efforts aux leurs pour combattre l'excommunié Marcuald et ses adhérents, qui étaient tout à la fois les ennemis de l'Eglise et de leur souverain ; enfin il garantissait la fidélité de leurs promesses et la droiture de leurs intentions.

Les lettres pontificales produisirent des effets bien différents dans l'esprit de ceux qui les reçurent : d'une part, elles réjouirent ceux qui ne pouvaient souffrir la domination allemande ; de l'autre, elles irritèrent les partisans de cette domination. Gualtérus, chancelier de Sicile et évêque de Troja, homme vif, ardent, nourri dans l'intrigue et ami du désordre, fut celui qui parut, en être le plus profondément piqué. L'impératrice Constance qui se défiait du caractère tracassier de ce prélat turbulent, lui avait ôté les sceaux et l'avait banni de la cour. Mais, à la sollicitation d'Innocent III, qui s'était intéressé pour lui avec chaleur, l'indulgente princesse lui rendit ses bonnes grâces, le réintégra dans l'exercice de sa charge, et le nomma, par une clause testamentaire, membre du conseil de la régence. Il eut bientôt pris l'ascendant sur ses collègues, et il attira tellement à lui toute l'autorité gouvernementale, qu'il affectait ouvertement d'être le premier ministre, et disposait despotiquement de toutes les faveurs. Comme il avait toujours paru passionnément dévoué aux intérêts de la maison de Souabe, il s'effraya de l'appui protecteur que le pape prêtait au comte Gauthier de Brienne ; il appréhendait la juste colère de la reine Sybille et de la princesse Albérie ; et, oubliant tous les services que lui avait rendus Innocent III, il s'emporta contre lui d'une manière indécente, et résolut de mettre tout en œuvre pour détruire ses projets.

VII.

Pendant tous ces mouvements, les comtes Gauthier et Jean de Brienne entrèrent dans la Pouille avec leur petite armée, livrèrent au comte Diépold, chef des troupes ennemies, un rude et sanglant combat sous les murs de Capoue, firent prisonniers les comtes de Sore, de Celan, d'Aquin, de Caserte, de Cerre et de Saint-Séverin, et remportèrent une victoire aussi complète qu'éclatante. Le bruit de ce succès jeta la consternation dans le cœur de toutes les populations siciliennes. Les seuls noms des comtes de Brienne et des braves qui combattaient sous leur bannière inspiraient la terreur. Les Allemands, en particulier, qui naguère encore parcouraient impunément toutes les parties du royaume, n'osèrent plus paraître ; de sorte que les vainqueurs pénétrèrent jusque dans la Calabre, sans trouver presqu'aucune résistance. Brindes, Materre, Otrante, Barlette, et plusieurs autres villes capitulèrent. Ils prirent d'assaut les autres principales forteresses. La plupart des seigneurs napolitains recherchèrent leur alliance. Les comtes de Brienne les accueillirent avec empressement, et, suivant les principes d'une bonne politique, pour les attacher plus étroitement à leurs intérêts, ils firent épouser les deux sœurs d'Albérie et une de leurs nièces aux personnages les plus influents de la Basse-Italie.

Une seconde victoire, plus brillante encore, que les comtes de Brienne remportèrent la même année, mit le comble à des commencements si heureux. Le comte Diépold et ses partisans, informés que Gauthier avait divisé ses forces et qu'il campait près de Barlette, un des plus beaux ports de l'Adriatique, avec le cardinal Pierre, évêque de Porto, légat du siége apostolique dans la Pouille, crurent pouvoir les y surprendre, et se hâtèrent d'aller les attaquer. Les habitants de Barlette, qui la veille avaient juré fidélité an légat, ne doutant point que la petite armée des chevaliers champenois ne fût écrasée par l'immense multitude des assaillants, rétractèrent leur parole, et refusèrent l'entrée de leur ville aux assaillis. Cette défection ébranla le courage du représentant du pape. Gauthier de Brienne n'en prit pas moins énergiquement la résolution de soutenir l'assaut ; il s'y disposa par la réception des sacrements de l'Eglise ; et, à la tête de sa poignée de braves, il s'élança contre les ennemis avec tant d'impétuosité et de succès que, culbutés du premier choc, ils ne songèrent qu'à fuir ; ils publiaient eux-mêmes, pour cou-vrir leur lâcheté, que le ciel combattait pour le comte de Brienne, et qu'ils l'avaient vu sur le champ de bataille, précédé d'une croix miraculeuse, tout environnée de rayons de lumière qui jetaient l'épouvante dans leurs cœurs. Plusieurs furent tués dans l'action ; la plupart des autres périrent dans les marais où ils allèrent se précipiter. Au nombre des plus illustres prison-niers se trouvèrent Siffride, frère du comte Diépold, Eudes de Lavian, l'assassin de l'évêque de Liège, le beau-frère de Gual-térus, évêque de Troja, Gérard, l'archevêque intrus de Salerne, et d'autres nobles personnages.

Ces glorieux exploits donnaient à Gauthier de Brienne une si grande supériorité sur ses ennemis, et assuraient tellement sa conquête dans le royaume de Naples, que son frère et lui réduisirent en peu de temps presque toutes les places fortes sous leur obéissance. Le pape même, considérant dès-lors Gauthier comme paisible possesseur de la Pouille, l'exhorta vivement à passer en Sicile, afin d'y arrêter les progrès du perfide Marcuald. « Il n'osera, lui disait-il, vous attendre en rase campagne, et s'enfermera sans doute dans quelque forteresse ; de sorte que, trouvant tous les peuples à votre disposition, et tirant du pays même tous les secours dont vous aurez besoin, il vous en reviendra des avantages si considérables, que je ne puis et que je n'ose pas même les détailler dans une lettre ; si, au contraire, vous refusez de suivre mon conseil, j'en prévois des malheurs si effroyables, que je prie le Seigneur, Dieu des armées, de les détourner. Allez donc, profitez de l'effroi que répand votre renommée ; et, tandis que la fortune vous est favorable, non seulement ne craignez pas d'entreprendre des choses difficiles, osez même tenter celles qui paraissent impossibles. » Enfin, il promet à Gauthier de Brienne de recommander aux principaux barons de la Pouille, et en particulier aux comtes de Théano et de Tricarie, de veiller à ce que le comte Diépold n'ose porter, durant son absence, aucune atteinte à ses conquêtes. « S'il arrivait, dit-il, que vous souffrissiez quelque dommage de ce côté-ci, le profit que vous retirerez de l'autre sera si grand, qu'il pourra tenir lieu d'une très-ample compensation. »

<h2 style="text-align:center">VIII.</h2>

Sur ces entrefaites, le rebelle Marcuald, qui avait réussi à s'emparer d'une partie des domaines de Frédéric, son souverain, fut attaqué des douleurs de la pierre et mourut au milieu des plus cruelles tortures à Palerme, en 1204. Gauthier de Brienne, délivré de son plus redoutable ennemi, pouvait désormais continuer ses conquêtes avec le seul secours des provinces d'Italie. La plupart des chevaliers français qui l'avaient accompagné dans son expédition, Gauthier de Montbelliard, Eustache de Conflans, Robert de Joinville, se séparèrent de lui, s'embarquèrent au port de Brindes et firent voile pour la Syrie. Jean de Brienne ne quitta son frère que lorsqu'il le vit tranquille possesseur du royaume de Naples. Jara, située sur la côte orientale du golfe Adriatique, ville riche, peuplée, environnée de hautes murailles, entourée d'une mer semée d'écueils, venait de tomber au pouvoir des croisés, aidés des Vénitiens, lorsque l'intrépide chevalier, fidèle à son vœu, rejoignit l'armée chrétienne déjà en marche pour Constantinople. Elle avait été détournée de sa destination primitive par les intrigues des despotes d'Orient. Les révolutions se succédaient rapidement dans leur empire ; après les Comnène, Isaac l'Ange était monté sur le trône ; il fut renversé et emprisonné par son frère. Alexis, fils d'Isaac, s'enfuit en Allemagne, et chercha des défenseurs à son père. Il implora le secours des croisés. Ceux-ci, excités par l'espoir de voir un jour réunir l'Eglise grecque à l'Eglise romaine, se laissèrent persuader que la conquête de Constantinople était le moyen le plus efficace d'assurer aux chrétiens la possession de Jérusalem. D'ailleurs, ils avaient juré de défendre l'innocence, la faiblesse et le malheur ; ils croyaient remplir leur serment en embrassant la cause d'Alexis.

Au moment où la flotte abordait sur les côtes de l'île de Corfou, on apprit que Gauthier de Brienne avait conquis la Pouille et le royaume de Naples. Cette conquête, faite dans l'espace de quelques mois par soixante chevaliers, la plupart champenois, avait enflammé l'imagination des croisés, et donnait aux mécontents l'occasion de blâmer l'expédition de Constantinople, dont les préparatifs étaient immenses, les périls évidents, et le succès incertain. « Tandis que nous allons, disaient-ils, épuiser toutes les forces de l'Occident dans une entreprise inutile, dans une guerre lointaine, Gauthier de Brienne s'est rendu maître d'un riche royaume, et se dispose à remplir les serments qu'il a faits avec nous de délivrer la Terre-Sainte ; pourquoi ne lui demanderions-nous pas des vaisseaux ? Pourquoi ne partirions-nous pas avec lui pour la Palestine ? » Ces discours avaient entraîné un grand nombre de barons qui étaient prêts à se séparer de l'armée ; mais, après de longues discussions, les deux partis jurèrent de rester fidèles aux drapeaux de la guerre sainte.

La flotte des croisés quitta l'île de Corfou sous les plus heureux auspices, et arriva sans encombre devant Constantinople. Cette ville contenait cinq cent mille habitants ; elle était fortifiée de hautes tours et d'énormes murailles ; néanmoins, le siége dura à peine quelques jours ; les Grecs voyaient avec une terreur profonde ces Français qu'ils appelaient des anges exterminateurs et des statues de bronze ; l'usurpateur prit la fuite ; Isaac et son fils furent rétablis sur le trône. L'accord entre les Grecs et les Latins ne fut pas de longue durée. Alexis ne pouvait exécuter complètement ses promesses envers ses alliés, à cause de l'indignation de ses sujets ; et il mécontentait les croisés, devenus plus insatiables et plus insolents à l'aspect des richesses et de la lâcheté des Orientaux. La guerre recommença : les Latins, qui avaient établi leurs campements hors de la ville, se disposèrent à en faire le siége ; ils se partagèrent d'avance l'empire par un traité ; les Grecs massacrèrent Isaac et Alexis, et décorèrent de la pourpre Ducas Murzuphle, qui essaya vainement d'animer ses concitoyens à la défense de leur capitale. Un chevalier champenois, Pierre de Plancy, ayant enfoncé une des portes de la ville, dans le moment où croulait la première tour, se présenta hardiment devant le bataillon que commandait Murzuphle en personne ; et, avec sa taille gigantesque et son regard farouche, il jeta une telle épouvante au sein des troupes impériales, que toutes de concert, comme si elles n'eussent été animées que d'une âme faible et méprisable, se mirent à chercher leur salut dans la fuite, et abandonnèrent les hauteurs où elles étaient postées, se dispersant par milliers devant ce guerrier intrépide sur qui elles avaient cependant l'avantage du terrain. Constantinople fut emportée d'assaut après un siége affreux par ses désastres ; et les vainqueurs se partagèrent l'empire. Jean de Brienne, à qui la Providence destinait quelque chose de plus grand que la portion qui eût pu lui écheoir dans ce partage, et qui n'avait d'autres vues lui-même que d'attacher sa fortune à celle du comte Gauthier son frère, qu'il souhaitait ardemment de revoir, ne voulut rien des riches dépouilles de la Grèce, ne pensa qu'à s'acquitter consciencieusement de son vœu, et passa en Palestine. Il n'eut point d'occasion d'y signaler son courage. Le sultan de Damas venait de conclure une trève avec les chrétiens, et tremblait qu'elle ne fût rompue, lorsque tout-à-coup il dut son salut à l'évènement même qui avait causé ses alarmes.

IX.

La plupart des défenseurs de la Terre-Sainte, qui n'avaient connu que les maux de la guerre, voulurent partager la gloire et la fortune des Français et des Vénitiens. Ceux même qui avaient blâmé l'expédition de Constantinople, crurent que la volonté du ciel les appelait sur les rives du Bosphore ; le légat Pierre de Capoue, entraîné par l'exemple des autres, vint animer par sa présence le zèle du clergé latin qui travaillait à la conversion des Grecs ; les chevaliers de Saint-Jean et du Temple accoururent aussi dans la Grèce, où de riches domaines étaient promis à leur valeur. Lusignan, roi de Jérusalem, était resté à Ptolémaïs presque seul, et sans aucun moyen de faire respecter la trève conclue avec les infidèles. Jean de Brienne n'eut donc point dans la Palestine d'autre occupation que celle de visiter les lieux sanctifiés par la présence adorable du divin Sauveur ; il accomplit cette religieuse pérégrination avec cette foi vive, avec cette piété ardente qui seules donnent aux pélerinages de la valeur et de l'efficacité.

Les tristes nouvelles qui lui parvinrent alors du fond de l'Italie l'obligèrent alors de retourner promptement en Europe. Son frère Gauthier, surpris dans sa tente, était tombé couvert de blessures entre les mains du comte Diépold, son plus terrible adversaire. On lui promit de briser ses chaînes s'il renonçait à la couronne de Sicile ; mais il préféra le titre de roi à la liberté, et se laissa mourir de faim plutôt que d'abandonner la moindre partie de ses droits sur un royaume, fruit de ses victoires. Jean de Brienne ressentit d'autant plus vivement cette perte douloureuse que, non seulement il pleurait avec amertume un frère qu'il avait toujours tendrement aimé, mais encore il se reprochait de s'être éloigné de lui, persuadé que sa présence aurait peut-être empêché ce malheur. Dans cette situation, après avoir rendu les derniers devoirs à son héroïque compagnon d'armes, il rentra en France, où il resta jusqu'à sa promotion au trône de Jérusalem.

X.

La trève conclue avec les infidèles subsistait encore ; mais il régnait à cette époque une grande confusion parmi les colonies chrétiennes, et même parmi les puissances musulmanes. Le sultan de Damas était en paix avec le roi de Jérusalem, tandis que le comte de Tripoli, le prince d'Antioche, les Templiers, les Hospitaliers, faisaient la guerre aux princes d'Hamath, d'Edesse, ou à quelques émirs de la Syrie. Chacun à son gré prenait ou déposait les armes ; on ne livrait point de grandes batailles, mais on multipliait les incursions sur le territoire ennemi : au milieu de ces désordres, les chrétiens de la Palestine eurent à pleurer la mort de leur roi Amaury de Lusignan. Le sceptre se trouva de nouveau entre les mains d'Isabelle ; cette illustre veuve n'avait ni le pouvoir, ni l'habileté nécessaires pour gouverner les états catholiques de la Syrie, qui marchaient chaque jour vers leur décadence ; elle ne régna que sur des villes dépeuplées, et mourut peu de mois après son époux ; un fils, qu'elle avait eu d'Amaury, l'avait précédée au tombeau. Le royaume de Jérusalem devenait l'héritage d'une jeune princesse, Marie, fille d'Isabelle et de Conrad, marquis de Tyr. Les barons et les seigneurs sentirent plus que jamais la nécessité d'avoir à leur tête un prince vraiment digne de la couronne, et s'occupèrent de choisir un époux pour la jeune reine de Jérusalem.

Leurs suffrages se réunirent en faveur de Jean de Brienne, chevalier d'élite, qui remplissait alors le monde du bruit de sa renommée. Mais, par déférence pour Philippe-Auguste, l'assemblée des barons résolut de lui demander un roi. Aimar, seigneur de Césarée, et l'évêque de Ptolémaïs, traversèrent la mer et vinrent solliciter le puissant monarque, au nom des chrétiens de la Terre-Sainte, de leur donner un chevalier ou un baron capable de sauver ce qui restait du malheureux royaume de Jérusalem. Les députés furent reçus avec de grands honneurs à la cour de France ; quoique la couronne qu'ils offraient avec la main d'une jeune reine ne fût plus qu'un vain titre, elle n'en éblouit pas moins les chevaliers français ; leur valeureuse ambition était séduite par l'espoir d'acquérir une grande renommée, et de relever le trône qu'avait fondé la bravoure de Godefroi de Bouillon.

Parmi les seigneurs de sa cour, Philippe-Auguste distingua Jean de Brienne, frère de Gauthier, qui était mort dans la Pouille avec la réputation d'un héros et le titre de roi. Il assura les ambassadeurs qu'en choisissant cet homme, il leur donnait un grand capitaine d'une activité infatigable et d'une brillante valeur, un guerrier d'une rare intelligence, qui joignait à une profonde expérience une prudence consommée dans le métier des armes. Jean de Brienne avait suivi son frère dans la conquête du royaume de Naples, et l'avait vu périr en combattant pour un trône qui devait être le prix de la victoire. Il avait la même fortune à espérer et les mêmes dangers à courir, lorsqu'il épousait l'héritière du royaume de Jérusalem. Il accepta l'offre avec cet air de modestie qui caractérise le vrai mérite, signa le contrat de mariage, chargea les ambassadeurs de la Palestine d'aller annoncer sa prochaine arrivée ; et, plein de confiance dans la cause qu'il allait défendre, leur promit de les suivre à la tête d'une armée.

Les nouvelles favorables qu'apportèrent les députés à leur retour dans la Terre-Sainte relevèrent le courage abattu des chrétiens ; et, comme il arrive souvent, dans des temps malheureux, on passa du désespoir à de folles espérances. On publia qu'une croisade se préparait, commandée par les plus puissants monarques de l'Europe. Le bruit d'un armement extraordinaire jeta un moment l'effroi parmi les infidèles ; et, comme la trève faite avec les Français était sur le point d'expirer, l'émir Malek-Adel proposa de la renouveler, offrant de livrer dix châteaux ou forteresses pour gage de sa foi et de son amour de la paix. Cette proposition aurait dû être accueillie par les chrétiens de la Palestine ; mais l'espoir des secours de l'Occident avait banni du conseil des barons tout esprit de modération et de prévoyance ; ils refusèrent de prolonger la trève. Cette détermination allait entraîner des conséquences d'autant plus funestes, que la situation de l'Europe ne permettait pas à Jean de Brienne de remplir ses promesses et de lever une armée pour la délivrance des saints lieux. Les prétentions d'Othon et de Philippe de Souabe remplissaient toujours l'Allemagne de troubles. Le roi Jean était sous le poids d'une excommunication, et l'Angleterre, courbée sous l'interdit, était agitée par la lutte engagée entre ce prince et son peuple. L'Italie gémissait en proie aux factions. L'Espagne ne repoussait l'invasion des Arabes, que parce qu'elle puisait dans sa foi l'invincible persévérance du courage. Les forces de la France étaient absorbées par la répression de la dangereuse hérésie des Albigeois.

XI.

Cependant, l'intrépide Jean de Brienne, après avoir mis ordre à ses affaires en Champagne, où il résidait encore au mois de juin 1210, s'embarqua à Marseille ; sa navigation fut heureuse : il aborda sans retard à Constantinople, où l'empereur Henri, frère et successeur de Baudouin de Flandres, l'accueillit avec cette cordialité, cette franchise, cette sympathie qu'inspire une véritable estime. Jean de Brienne eut alors occasion de se féliciter d'avoir contribué à la conquête de cette superbe ville, par les prévenances affectueuses que lui prodigua ce prince ; prévenances bien différentes de celles des despotes byzantins qui, sous le voile d'une feinte amitié, couvrant les trahisons les plus noires, avaient beaucoup plus nui aux expéditions des princes latins dans la Terre-Sainte, que la guerre ouverte des ennemis les plus barbares. Le généreux Henri ne négligea rien pour délasser son illustre compatriote des fatigues de la mer, et pour faire goûter, à lui et aux chevaliers de sa suite, toutes les douceurs dont on pouvait jouir au sein de sa capitale, qui était encore la ville la plus délicieuse de l'univers.

De là Jean de Brienne partit pour Ptolémaïs ; il n'amenait que trois cents chevaliers pour défendre son royaume ; ses nouveaux sujets ne le reçurent pas moins avec des transports de joie et de triomphe comme un libérateur. Son mariage fut célébré avec une grande pompe en présence des barons, des princes et des évêques de la Palestine. Jean d'Ibelin, seigneur de Baruth, oncle de la reine, et, en cette qualité régent du royaume, remit au roi les rênes du gouvernement, qui se réduisait alors aux deux villes de Tyr et de Ptolémaïs, et leurs dépendances. Comme la trêve allait expirer, les Sarrasins prirent les armes et vinrent troubler les fêtes du couronnement. Malek-Adel entra dans la Palestine à la tête d'une armée ; les infidèles assiégèrent Tripoli et menacèrent Ptolémaïs. Le nouveau roi, suivi d'un petit nombre de guerriers fidèles, fit admirer sa valeur sur le champ de bataille ; il fatigua tellement les Sarrasins qu'ils furent contraints de demander une trêve, dont Jean de Brienne avait lui-même besoin.

L'infatigable monarque ne s'endormit point dans le sein de la paix, et tandis qu'au point de vue matériel il répara de son mieux les fortifications, derniers boulevards de son royaume en décadence, il s'efforça, sous le rapport moral, de corriger, par plusieurs réglements de police, les désordres qui souillaient la Terre-Sainte ; il s'appliqua surtout à se concilier l'esprit des hommes les plus influents par leur position sociale et par leurs richesses ; et, en habile politique, il se les attacha par des alliances. Henri, comte de Champagne, avait eu de son mariage avec Isabelle deux filles, Alix et Philypote. Jean de Brienne, tuteur de ces deux princesses, qui étaient sœurs de la reine son épouse, donna l'aînée à Hugues de Lusignan, roi de Chypre, et l'autre à Erard de Brienne, son cousin, fils du brave André de Ramerupt. Quelque temps après, il maria avantageusement Hugues de Montbelliard, son cousin-germain, ainsi que le jeune Gauthier de Brienne, fils de ce fameux Gauthier mort dans l'expédition du royaume des Deux-Siciles. Jean avait emmené ce neveu avec lui dans la Palestine ; et, selon un usage assez ordinaire à cette époque, il le fiança à Marie, fille de Hugues de Lusignan, roi de Chypre, et de la princesse Alix. La fiancée n'était alors qu'un enfant au berceau ; mais il l'épousa ensuite, quand elle eut atteint l'âge de puberté, à son retour de France, où son oncle Jean l'avait envoyé avec des lettres de recommandation pour Thibaut-le-Posthume et la comtesse Blanche sa mère, afin qu'ils le rétablissent dans le comté de Brienne qui lui appartenait de droit comme à l'aîné de sa maison.

XII.

Sur ces entrefaites, le roi de Jérusalem apprit une nouvelle extraordinaire qui lui fit concevoir l'espérance de repeupler la Terre-Sainte. Cinquante mille enfants, en France et en Allemagne, bravant l'autorité paternelle, s'attroupèrent et parcoururent les villes et les campagnes en chantant ces paroles : « Seigneur Jésus, rendez-nous votre sainte croix ! » Lorsqu'on leur demandait où ils allaient et ce qu'ils voulaient faire, ils répondaient : « Nous allons à Jérusalem pour délivrer le sépulcre du Sauveur ! » Quelques ecclésiastiques, aveuglés par un faux zèle, avaient prêché cette singulière croisade ; la plupart des fidèles n'y voyaient qu'une inspiration du ciel ; ils pensaient que Dieu, pour confondre l'orgueil des plus grands capitaines, avait remis sa cause aux mains de la simple et timide enfance. Des femmes de mauvaise vie et des hommes pervers se mêlèrent dans la foule des nouveaux soldats du Christ pour les séduire et les dépouiller. Une grande partie de cette jeune milice traversa les Alpes pour s'embarquer dans les ports de l'Italie. Ceux qui venaient des provinces méridionales de la France se rendirent à Marseille. Sur la foi d'une révélation miraculeuse, on leur avait fait croire que cette année, 1213, la sécheresse serait si dévorante que le soleil dissiperait les eaux de la mer, et qu'un chemin facile conduirait les pélerins, à travers le lit de la Méditerranée, jusque sur les côtes de Syrie. Plusieurs de ces jeunes croisés s'égarèrent dans la profondeur des forêts; d'autres périrent de faim, de soif et de fatigues; d'autres revinrent dans leurs foyers, honteux de leur imprudence; d'autres enfin, disent les vieilles chroniques, recueillirent les palmes du martyre, et donnèrent aux infidèles le merveilleux spectacle de l'héroïsme, que la religion catholique peut inspirer à l'âge le plus tendre comme à l'âge mûr.

Jean de Brienne eût sans doute tiré de précieux avantages de cette multitude de jeunes gens, pour renouveler les populations chrétiennes de la Palestine épuisées par des guerres continuelles; il eût fondé une colonie d'hommes qui, habitués au climat dès leur première jeunesse, et formés de bonne heure dans la discipline militaire, seraient devenus le fléau de l'islamisme. La divine Providence, dont les secrets sont impénétrables, ne le permit pas; et, de toutes les croisades, il n'y en eut point de plus infortunée. L'impitoyable mort moissonna cette fleur des enfants de la France et de l'Allemagne; et le roi de Jérusalem s'en montra profondément affligé. Une autre catastrophe bien plus cruelle venait de le frapper dans ses affections les plus chères : la reine Marie, son épouse, était morte dans la fleur de l'âge. Jean de Brienne fut infiniment touché de cette perte qui causa un deuil unanime; toute la Syrie prit part à son immense douleur.

Les suites de ce triste évènement faillirent renverser toute la fortune de Jean de Brienne par les mêmes mesures à l'aide desquelles il avait cru pouvoir l'affermir. Hugues de Lusignan, roi de Chypre, à qui le roi de Jérusalem avait fait épouser la princesse Alix de Champagne, sœur de la reine défunte, sentit son ambition se réveiller; il se flatta de faire valoir les droits de son épouse sur ceux de la fille unique que la reine Marie en mourant avait laissée dans le berceau. Pour entraîner les puissances prépondérantes dans ses intérêts, il leur représenta les avantages incontestables qu'ils retireraient de la réunion des deux royaumes de Jérusalem et de Chypre, en appelant au trône la princesse Alix, fille de la reine Isabelle et sa plus proche héritière : elle avait déjà un enfant mâle; son âge promettait une nombreuse postérité ; ce qui les assurait contre les inconvénients qu'ils avaient à craindre d'une fille qui ne faisait que de naître, et dont la vie les jetcrait un jour dans les mêmes embarras où ils s'étaient trouvés par rapport à la reine Marie elle-même, à qui il avait fallu aller chercher au loin un époux, et un époux qui, dépourvu de richesses, était hors d'état de les soutenir.

Jean de Brienne avait besoin de toute sa fermeté de caractère et de toute la finesse de son intelligence pour parer ce coup imprévu. La situation était délicate, et les lettres d'Innocent III nous apprennent que ce pontife en fut ébranlé lui-même ; car, dans l'appréhension des suites fàcheuses que pouvaient entraîner ces mouvements, il écrivit au patriarche latin, alors légat du Saint-Siége, et aux chevaliers du Temple, pour les exhorter à rester fidèles au roi Jean ; il adressa en même temps une lettre de consolation et d'encouragement au pieux monarque pour le fortifier contre ce revers de fortune. Mais le génie de ce prince avait assez de ressources pour déjouer tous les projets du roi de Chypre. Il s'était déjà si bien affermi dans l'esprit de ses sujets, que Hugues de Lusignan, indigné de ne pouvoir les gagner, tourna sa colère contre quelques-uns d'entre eux qui, échappés aux mains des musulmans, s'étaient réfugiés dans l'île de Chypre ; ils furent arrêtés par ses ordres et mis en prison. Le souverain Pontife lui adressa de sévères reproches, lui enjoignit de rendre la liberté aux chrétiens qu'il retenait captifs, et l'obligea de se réconcilier avec le roi de Jérusalem.

Jean de Brienne triompha des intrigues de son rival, par sa sagesse et par sa dextérité. Mais, réfléchissant sur l'inconstance naturelle du peuple et sur l'inquiète ambition du jeune prince, il crut devoir chercher de l'appui dans l'alliance de quelque puissant seigneur qu'il pùt opposer au roi de Chypre, en cas de besoin.

XIII.

Léon, ou Lievon II, surnommé le Grand, roi d'Arménie, jouait alors un rôle assez considérable dans l'Orient. Il avait succédé à son frère Rhoupen II, dans ce royaume, où les invasions des Barbares avaient effacé les derniers vestiges de l'ancienne puissance nationale, à l'exception de la petite principauté qu'un certain Rhoupen, lors de l'extinction de la race des Pagratides, s'était conservée dans les gorges du mont Taurus. Dès que Lievon II eut pris possession du trône, Bohémond, prince d'Antioche, qui convoitait l'Arménie, essaya de s'en emparer par trahison. Le monarque arménien fit échouer les tentatives du perfide envahisseur, et avec tant d'habileté que, de vassal qu'il était de Bohémond, il obligea l'insatiable prince à le reconnaître pour son souverain ; il prit même sur lui plusieurs de ses places fortes, tandis qu'il le tenait captif. Ensuite, déployant de plus en plus d'adresse, il obtint l'érection de sa principauté en royaume, et fut couronné en 1198 par Conrad, archevêque de Mayence, du consentement de l'empereur d'Occident, et par ordre du pape, à qui il avait soumis le spirituel et le temporel de ses Etats.

Jean de Brienne, à la vue de cette prépondérance politique qu'exerçait Lievon II dans les pays situés entre l'Euphrate et la mer Caspienne, rec3ercha l'alliance de ce prince, et demanda sa fille Isabelle en mariage ; et l'ayant obtenue, il l'épousa dans la cathédrale de Ptolémaïs, si l'on en croit frère Etienne de Lusignan, dans l'histoire qu'il a écrite des princes de sa maison. Quoiqu'il semble qu'on pût infirmer l'autorité de ce chroniqueur peu correct et très-fabuleux, il paraît néanmoins fondé en ce point ; car il est constant qu'en 1219 ou 1220, peu après la reddition de Damiette au sultan d'Egypte, il mourut une épouse du roi Jean de Brienne avec le fils qu'elle en avait eu, et que c'était en vertu des droits de cette épouse et de ce fils que le roi de Jérusalem avait prétendu se mettre en possession du royaume d'Arménie à la mort de Lievon II ; il n'eut pu concevoir cette prétention du chef de la reine Marie, sa première femme, surtout si l'on considère qu'il existait alors une fille de Lievon lui-même, mariée au prince d'Antioche.

XIV.

Les Sarrasins, de leur côté, cherchaient à consolider leurs conquêtes dans la Terre-Sainte ; ils bâtirent une forteresse sur le Thabor. Cette montagne, si célèbre dans l'Ancien et le Nouveau Testament, s'élève comme un dôme superbe au milieu de la vaste plaine de la Galilée. Sa pente, extrêmement raide, qui la rend inaccessible et que l'on ne peut gravir que par des sentiers étroits et tortueux, est couverte de fleurs, de verdure et d'arbres odoriférants. De son sommet, qui forme un plateau d'une lieue d'étendue, on découvre, disent les voyageurs, toutes les rives du Jourdain, le lac de Tibériade, la mer de Syrie, et la plupart des lieux témoins des miracles du Sauveur. Une église, construite par la pieuse libéralité de l'impératrice Hélène, sur le lieu même de la transfiguration du Christ, avait longtemps attiré la foule des pélerins. Deux monastères, bâtis sur la cime du Thabor, rappelèrent pendant plusieurs siècles la mémoire de Moïse et d'Elie, dont ils portaient le nom. Mais depuis le règne de Saladin, ce vieux et rusé capitaine, l'étendard de Mahomet flottait sur cette montagne consacrée par tant d'adorables souvenirs. Tous ces monuments religieux avaient été démolis, et sur leurs ruines se dressait, flanquée de tours formidables, une citadelle d'où les musulmans menaçaient sans cesse le territoire de Ptolémaïs. Jean de Brienne, sous les yeux duquel s'étaient effectués ces travaux de fortifications, et qui, des fenêtres de son palais d'Acre, apercevait peut-être l'activité infatigable des travailleurs, avait gémi profondément de se voir l'impuissant spectateur d'un ouvrage qui devait servir à la désolation des colonies chrétiennes.

Pour comble de malheur, les guerriers de la Palestine, en comparant leur petit nombre à la multitude de leurs ennemis, tombèrent tout-à-coup dans le découragement ; ceux qui naguère ne voulaient point de paix avec les infidèles, ne se sentaient ni la force, ni le courage de braver leurs attaques. La plupart des chevaliers français qui avaient accompagné le nouveau roi quittèrent un royaume qu'ils étaient venus secourir, et retournèrent en Europe, dans leur patrie, ou dans la Grèce, alléchés par les inépuisables trésors de cette riche contrée. Jean de Brienne n'avait plus que la ville de Ptolémaïs, et point d'armée pour la défendre ; il comprit alors combien son entreprise était difficile et périlleuse. Des ambassadeurs furent envoyés à Rome pour faire connaître au pape les dangers des Etats chrétiens en Asie, et pour implorer de nouveau l'appui des princes de l'Europe. Le roi de Jérusalem pressait en particulier Innocent III par des lettres très-vives où il lui exposait en termes très-énergiques la situation lamentable de son royaume.

Ce saint pontife n'avait pas besoin d'être sollicité par des cris d'alarme ; son zèle apostolique et sa charité paternelle le poussaient encore plus fortement à la délivrance des saints lieux.

L'Occident, loin de pouvoir alors secourir l'Orient, donnait à Innocent III les plus cruelles inquiétudes : les troubles qui agitaient les nations européennes, au départ de Jean de Brienne pour la Palestine, n'étaient point calmés. Dans cette extrémité, le chef suprême de l'Eglise, pour accomplir ses desseins et réchauffer l'enthousiasme des fidèles, résolut de convoquer à Rome un concile général en 1215. Rarement on avait vu une assemblée aussi nombreuse et aussi imposante. On y comptait soixante-et-onze primats et métropolitains, quatre cent douze évêques, plus de huit cents abbés et prieurs de monastères, une multitude de procureurs, représentants d'abbés et d'évêques absents ; et, comme on devait y prendre des mesures temporelles contre les ennemis de la foi, le roi des Romains, l'empereur de Constantinople, les rois de France, d'Angleterre, d'Aragon, de Hongrie, de Jérusalem et de Chypre, y avaient envoyé des ambassadeurs. On y délibéra mûrement pour que de prompts secours fussent portés en Palestine. Comme des germes de division subsistaient encore entre plusieurs états de l'Europe, ces discordes pouvaient nuire aux succès de la guerre sainte ; le pape envoya partout des députés conciliateurs et des anges de paix ; à sa voix, les ennemis les plus implacables jurèrent d'oublier leurs querelles pour combattre les Sarrasins ; ses vœux les plus ardents allaient être remplis ; et tout l'Occident, docile à ses volontés souveraines, était prêt à s'ébranler pour se précipiter sur l'Asie, lorsqu'il tomba malade et mourut, laissant à ses successeurs l'achèvement de cette gigantesque entreprise.

XV.

Le cardinal Censius, de l'illustre maison de Savelli, élu par le sacré collége, gouverna l'Eglise sous le nom d'Honorius III. Le lendemain de son couronnement, le nouveau pape écrivit à Jean de Brienne pour lui annoncer son élévation, et ranimer l'espérance des chrétiens de Syrie : « Que la mort d'Innocent, disait-il, ne vous abatte point le courage ; car bien que nous sentions que nous n'avons pas le mérite de ce grand pontife, nous n'avons pourtant pas moins d'ardeur qu'il en avait pour secourir la Terre-Sainte, et nous espérons que Dieu, qui aide les faibles, voudra bien la seconder et suppléer par sa grâce à ce qui nous manque. Nous prions donc votre royale sérénité, nous l'avertissons et nous l'exhortons de compter sur la volonté pleine et entière que nous avons de travailler à la délivrance de la Terre-Sainte, de mettre en attendant sa confiance en Dieu, de continuer à veiller à la conservation de ses Etats, avec la même application et la même sagesse qu'elle a toujours fait paraître, jusqu'à ce que le temps lui fournisse l'occasion de combattre pour le Seigneur, et de mériter par là qu'il couronne en ce monde et en l'autre sa valeur et sa patience. »

Les efforts d'Honorius III furent toutefois impuissants à déterminer Louis VIII, fils de Philippe-Auguste, et Henri III, successeur de Jean sur le trône d'Angleterre, à prendre une part active à la croisade. Frédéric II, qui devait la couronne impériale à l'appui du siége apostolique, renouvela dans deux assemblées solennelles le serment de marcher à la délivrance des lieux saints. Les promesses de l'empereur, quoi qu'on pût douter de leur sincérité, entraînèrent les princes et les peuples de l'Allemagne à se mettre en route pour l'Orient. André II, roi de Hongrie, prit aussi la croix, malgré l'état d'agitation où était son royaume, et son exemple entraîna une foule de guerriers de sa patrie. Le zèle des croisés n'était point ralenti ; et, dans leur impatience, ils choisirent le monarque hongrois pour chef de l'expédition. André, accompagné du duc de Bavière, du duc d'Autriche et des seigneurs allemands, vint d'abord à Spolatro où des vaisseaux de Venise, d'Ancône et des autres villes de l'Adriatique, attendaient les croisés pour les transporter dans la Palestine. Les habitants et le clergé vinrent en procession au-devant de lui, et le conduisirent dans leur cathédrale, où tous les fidèles rassemblés invoquèrent les bénédictions du ciel pour les guerriers chrétiens. Peu de jours après, la flotte fit voile pour l'île de Chypre, où s'étaient rendus les députés du roi et du patriarche de Jérusalem, des ordres du Temple, de Saint-Jean et des chevaliers teutoniques. Bientôt tous les croisés partirent ensemble du port de Limisso, et débarquèrent en triomphe à Ptolémaïs.

Il serait difficile d'exprimer quelle fut la joie de Jean de

Brienne à l'arrivée de cette phalange de princes, après laquelle il avait si longtemps soupiré. Jamais secours n'était venu si à propos : la trève était expirée ; il se trouvait à la tête d'une armée des plus nombreuses qu'on eût vu dans la Syrie. Dans toutes les églises on remercia le ciel de ces puissantes troupes auxiliaires qu'il envoyait à la Terre-Sainte ; mais cette joie ne tarda pas à être troublée par la difficulté de procurer des vivres à une si grande multitude de pélerins. Cette année, 1217, avait été stérile dans les plus riches contrées de la Syrie. La disette porta les soldats à la licence et au brigandage ; les chefs ne purent rétablir l'ordre qu'en donnant le signal de la guerre contre les Sarrasins ; et, pour sauver les terres et les maisons des chrétiens, ils proposèrent aux croisés de ravager les campagnes et les villes des infidèles. Toute l'armée, commandée par les rois de Jérusalem, de Chypre et de Hongrie, alla camper sur les bords de Cisson. Ensuite, elle s'avança en chantant des cantiques vers la vallée de Jésraël, entre le mont Hermon et le mont Gelboé, sans rencontrer un ennemi. Les chefs et les soldats se baignèrent dans les eaux du Jourdain, parcoururent la plaine de Jéricho et les rivages du grand lac de Génézareth. La religion et ses touchants souvenirs avaient ramené la discipline et la paix. Dans cette course, qui fut un véritable pélerinage, ils firent un nombre considérable de prisonniers sans livrer de combat, et revinrent à Ptolémaïs, chargés de butin.

La nouvelle croisade avait jeté l'épouvante parmi les infidèles. Malek-Adel calma leurs alarmes en leur disant que les chrétiens seraient bientôt divisés, et que leur formidable expédition ressemblait aux orages qui grondent sur le Liban et qui se dissipent d'eux-mêmes : ni les armées de Syrie, ni celles d'Egypte ne parurent dans la Judée ; et les croisés, rassemblés à Ptolémaïs, s'étonnaient de n'avoir point d'ennemis à combattre. On avait résolu de porter la guerre sur les bords du Nil ; mais les frimas de l'hiver, qui commençaient à se faire sentir, ne permettaient pas d'entreprendre une expédition lointaine. Pour occuper les soldats, que l'oisiveté entraînait toujours à la licence, on projeta d'attaquer la montagne du Thabor, où s'étaient fortifiés les musulmans. Il fallait affronter mille dangers. D'énormes pierres roulaient des hauteurs occupées par les infidèles. Le patriarche de Jérusalem, qui marchait à la tête des croisés, leur montrait le bois de la vraie croix, et les animait par son exemple et par ses discours. Les troupes ardentes s'élancèrent à l'assaut sur tous les chemins escarpés qui conduisaient à la cime de la montagne, remplissant tous ses défilés, et grimpant, par des endroits qui paraissaient inaccessibles, avec une intrépidité héroïque. Jean de Brienne, qui commandait l'avant-garde, se signala par des prodiges de bravoure, et tua deux émirs à coups de cimeterre. Les Sarrasins, témoins de ce courage extraordinaire, se sauvèrent épouvantés dans l'enceinte de leurs murailles. Il est certain que, si les chefs eussent profité de cette panique générale pour tenter l'attaque de la forteresse, rien n'aurait pu résister à leurs armes, et la place serait tombée en leur pouvoir. Mais Hugues de Lusignan, roi de Chypre, qui avait voulu ôter au roi de Jérusalem sa couronne, et qui conservait toujours un fond de jalousie contre lui depuis la tentative inutile qu'il avait faite pour la lui ravir, s'était concerté avec le perfide comte de Tripoli, qui était d'intelligence avec les Sarrasins pour inspirer la crainte d'une surprise de la part du sultan de Damas, si le siége traînait en longueur ; et, malgré les énergiques représentations de Jean de Brienne, qui conseillait l'attaque de la citadelle, l'armée chrétienne se retira sans rien entreprendre, comme si elle ne fût venue sur le mont Thabor que pour y contempler le lieu consacré par la transfiguration du Sauveur.

Pour empêcher les soldats de tomber dans le découragement, au lieu de rentrer à Ptolémaïs, les princes et les rois qui dirigeaient la croisade, voulant d'ailleurs réparer un revers si honteux, conduisirent l'armée en Phénicie. Dans cette nouvelle campagne, aucun exploit ne signala leurs armes ; comme on était en hiver, plusieurs croisés, surpris par le froid, restèrent abandonnés sur les chemins ; d'autres devinrent la proie des Arabes. La veille de Noël, une horrible tempête surprit le reste de l'armée : les vents, la pluie, la grêle, les tourbillons, les coups redoublés du tonnerre, tuèrent les chevaux, enlevèrent les tentes, dispersèrent les bagages. Ce désastre fit croire aux guerriers chrétiens que le ciel leur refusait son appui. Comme ils manquaient de vivres, ils se séparèrent en quatre corps différents ; cette séparation, qui s'effectua au milieu des plaintes mutuelles, parut être l'ouvrage de la discorde, bien plus que celui de la nécessité. Le roi de Jérusalem, le duc d'Autriche, le grand-maître de Saint-Jean, choisirent leurs quartiers d'hiver dans les plaines de Césarée. Le roi de Hongrie, le roi de Chypre, le fils du prince d'Antioche, se cantonnèrent à Tripoli ; le grand-maître du Temple, celui des chevaliers teutoniques, André d'A-vesnes, avec les croisés flamands, allèrent fortifier un château bâti au pied du mont Carmel ; les autres se retirèrent à Ptolé-maïs, avec le dessein de retourner en Europe. Le roi de Chypre mourut, lorsqu'il se préparait à rentrer dans ses Etats. Le roi de Hongrie reconnut avoir pleinement satisfait à son vœu, re-vint en Occident par l'Asie-Mineure, et se contenta, pour ne pas paraître déserter la cause du Christ, de laisser la moitié de ses troupes au roi de Jérusalem.

XVI.

Pour combler ces vides, on vit arriver à Ptolémaïs un grand nombre de guerriers partis des ports de la Hollande, de la France et de l'Italie. Les croisés de la Frise, ceux de Co-logne et des bords du Rhin, s'étaient arrêtés sur les côtes de Portugal ; ils avaient vaincu les Maures dans plusieurs grandes batailles, tué deux princes sarrasins, et arboré les drapeaux de la croix sur les murs d'Alcazar ; ils racontaient les miracles par lesquels le ciel avait secondé leur valeur, et l'apparition des anges revêtus d'armes étincelantes qui avaient combattu sur les rives du Tage avec les soldats de la croix. L'arrivée de ces guer-riers, le récit de leurs victoires, ranimèrent le courage des croi-sés restés en Palestine sous les ordres de Léopold, duc d'Au-triche. Avec un si puissant renfort, on résolut, selon le vœu exprimé par le pape lui-même au concile de Latran, de con-quérir l'Egypte. L'armée chrétienne, commandée par Jean de Brienne, roi de Jérusalem, Léopold, duc d'Autriche, et Guil-laume, comte de Hollande, partit du port de Ptolémaïs et vint débarquer à la vue de Damiette, sur la rive septentrionale de la seconde embouchure du Nil.

La ville de Damiette avait un double rempart du côté du fleuve, une triple muraille du côté de la terre ; une tour grande, forte et remplie de guerriers, s'élevait au milieu du Nil ; une chaine de fer, qui s'étendait de la ville à la tour, défendait le passage aux vaisseaux. La ville avait une garnison de vingt mille hommes ; elle possédait des vivres et des munitions de guerre pour un long siége ; elle avait déjà résisté plusieurs fois aux formidables attaques des chrétiens. Le roi de Sicile, qui, dans le siècle précédent, s'en était rendu maître, n'avait pu la conserver et la défendre contre les forces réunies des musulmans. Les croisés arrivèrent devant cette place dans les premiers jours d'avril 1218 ; ils dressèrent leurs tentes dans une vaste plaine. Derrière eux s'étendaient des lacs abondants en poissons de toute espèce ; devant eux se déroulait le Nil couvert de leurs vaisseaux : mille canaux, couronnés de papyrus et de roseaux toujours verts, traversaient les terres et portaient partout la fraicheur et la fertilité. Dans les campagnes, qui naguère avaient été le théâtre de sanglants combats, on ne voyait plus les traces de la guerre : des moissons de riz couvraient les champs où des armées chrétiennes avaient péri par la famine ; des bosquets d'orangers et de citronniers chargés de fleurs et de fruits ; des bois de palmiers et de sycomores ; des buissons de jasmins et d'arbustes odoriférants ; une foule de plantes variées et de merveilles inconnues aux pélerins leur rappelaient les images du paradis terrestre, et leur persuadaient que le territoire de Damiette avait été la première demeure de l'homme dans l'état d'innocence. L'aspect d'un beau ciel, d'un riche climat, les enivrait de joie, entretenait l'espérance dans leurs cœurs ; et, dans leur enthousiasme, ils croyaient voir la Providence prodiguer ses miracles pour le succès de leurs armes.

Le roi Jean de Brienne eut à peine mis pied à terre, que, se tournant vers cette superbe ville, la mesurant des yeux comme un champ ouvert à sa valeur, et songeant à tout ce que le monde catholique attendait de lui en cette occasion, il résolut de prendre toutes les mesures nécessaires pour triompher de tous les obstacles. Le succès des grandes entreprises guerrières dépend quelquefois de certains incidents très-légers qu'on ne peut parer ni prévoir ; mais il est presque toujours attaché à l'estime et à l'amour que les troupes ont pour le général qui les commande. Le roi de Jérusalem, persuadé de ce principe, ne négligea rien pour mériter l'un et l'autre. Il tempéra la majesté royale par un air affable et populaire ; il partagea même avec les simples soldats tous les risques, tous les travaux, toutes les fatigues de la guerre, paraissant à tout, donnant l'exemple en tout, pour être l'âme et le mobile de tout.

L'île où l'on avait opéré la descente n'était formée que d'un sable mouvant et stérile dans la partie voisine de la mer ; mais, en remontant vers les sources du fleuve, le terrain était très-beau et très-fertile. Jean de Brienne pouvait aisément s'en rendre maître et camper à son avantage ; mais il connaissait la nécessité de conserver une communication avec la rade, pour ne pas s'exposer à être coupé ; et il traça son camp dans le sol sablonneux, assigna les différents quartiers aux troupes, obligea les Frisons, qui voulaient s'établir du côté de Damiette, à rejoindre le gros de l'armée, et défendit à quiconque de s'en écarter, sous peine d'être traité selon la rigueur des lois militaires. Ensuite, il régla l'ordre des officiers du jour, se retrancha derrière des redoutes, creusa un canal large et profond pour faire passer ses vaisseaux dans le lit du fleuve, et ordonna de diriger les premières attaques contre la tour bâtie au milieu du Nil.

Des navires sur lesquels on avait placé des tours, des échelles, des pont-levis, s'approchèrent des murailles. Les soldats qui les montaient, bravant les traits et les machines meurtrières des musulmans, livrèrent plusieurs assauts. Le roi de Jérusalem et le duc d'Autriche les animaient du geste et de la voix ; mais les prodiges de la force, de la bravoure et de l'adresse, furent inutiles. Les plus intrépides des assaillants, victimes de leur audace, périrent engloutis dans les flots, sans pouvoir être secourus ni vengés par leurs compagnons. Dans toutes les attaques, rien n'égalait l'impétueuse valeur des guerriers de l'Occident ; mais cette valeur n'était secondée ni par la prudence des chefs, ni par la discipline des soldats. Cependant les échecs qu'ils venaient d'éprouver rendirent les croisés plus prudents ; ils renversèrent le pont de bateaux qui communiquait de la tour à la ville. Un pauvre prêtre de Cologne, qui avait prêché la croisade sur les bords du Rhin, avait inventé une redoutable machine de guerre : c'était un énorme château de bois, construit sur deux navires liés ensemble par des poutres et des solives. Sur ce château flottant on avait placé un pont-levis qui pouvait s'abattre sur la tour des Sarrasins, et des galeries destinées à recevoir des soldats qui devaient attaquer les murailles. Tous les croisés attendaient avec impatience le moment où l'énorme forteresse pourrait s'approcher de la tour du Nil. Les chefs avaient choisi, pour donner l'assaut, la fête de l'apôtre saint Barthélemy. On s'y disposa par les jeûnes, les prières et les larmes. Le patriarche et le roi de Jérusalem, le clergé et les soldats, se livrèrent pendant quelques jours aux austérités de la pénitence ; toute l'armée, les pieds nus, alla processionnellement, Jean de Brienne en tête, jusqu'au bord de la mer.

Au jour indiqué, les deux navires surmontés du château de bois reçurent le signal du départ ; ils portaient trois cents guerriers couverts de leurs armes. Une multitude innombrable de musulmans, assemblés sur les remparts de la ville, contemplaient ce spectacle avec une surprise mêlée d'effroi. Les deux navires liés ensemble s'avançaient en silence au milieu du fleuve ; tous les croisés, rangés en bataille sur la rive gauche du Nil, ou dispersés sur les collines du voisinage, saluèrent, par de nombreuses acclamations, la forteresse mobile qui renfermait la fortune et l'espoir de l'armée chrétienne. A l'approche des murailles, les deux vaisseaux jetèrent leurs ancres ; mais tandis que les soldats du Christ, lançant leurs javelots, se préparaient à se servir de la lance et de l'épée, les Sarrasins firent pleuvoir des torrents de feu grégeois, et réunirent tous les efforts pour livrer aux flammes le château de bois où combattaient leurs ennemis. Au milieu de cet acharnement réciproque, tout-à-coup la machine des croisés paraît en feu ; le pont-levis appliqué sur les murailles de la tour chancelle ; le porte-enseigne du duc d'Autriche tombe dans le Nil ; le drapeau des chrétiens reste au pouvoir des musulmans. A cette vue, les Sarrasins poussent des cris de joie, et de longs gémissements se font entendre sur le rivage où campaient les croisés ; le patriarche de Jérusalem, spectateur de l'action, se prosterne devant la croix, et, comme Moïse, lève des mains suppliantes vers le ciel. Le roi Jean de Brienne lui-même, alarmé du péril extrême où étaient les siens, qu'il ne pouvait secourir, descendit de cheval, et toutes les troupes avec lui se mirent à genoux pour implorer la miséricorde de celui qui tient la vie et la mort entre ses mains.

Bientôt, comme si le Dieu des armées eût voulu exaucer leurs prières, la flamme s'éteint ; la machine est réparée ; le pont-levis rétabli ; les compagnons du roi de Jérusalem et du duc d'Autriche renouvellent leur attaque avec plus d'ardeur ; du haut de leur forteteresse ils dominent sur les remparts et combattent à grands coups de sabre, de pique, de hache d'armes et de massues de fer ; les musulmans, désespérés, n'offrent qu'une vaine résistance : partout leurs murailles ébranlées s'écroulent autour d'eux, et menacent de les ensevelir sous leurs ruines ; enfin ils capitulent et demandent la vie à leurs vainqueurs. Après ce siége mémorable, les chrétiens, maîtres de la tour du Nil, rompirent la chaîne qui fermait le passage aux vaisseaux. Les auteurs arabes s'accordent à dire que la perte de cette fameuse tour jeta la terreur parmi les Sarrasins. L'ambitieux et cruel Malek-Adel, qui résidait alors à Damas, désespéra du salut de Damiette et mourut de chagrin. Les chrétiens, au lieu de profiter de l'impression produite par la mort de ce farouche émir, suspendirent leurs attaques après la prise de la tour; plusieurs pélerins reprirent même le chemin de l'Europe. Mais l'arrivée de nouvelles phalanges fit bientôt oublier le départ de ceux qui avaient abandonné les drapeaux de la croix. Le roi Jean de Brienne avait vivement sollicité ces secours par des lettres qu'il avait écrites au pape Honorius du camp devant Damiette. Le souverain Pontife, qui voyait avec douleur la retraite ou la désertion des croisés, ne négligeait rien pour assurer le succès d'une guerre qu'il avait prêchée; chaque jour, ses prières et ses menaces pressaient l'embarquement des nouveaux croisés.

A la tête des pélerins qui arrivèrent alors en Egypte se trouvaient deux cardinaux, Robert de Courçon, l'un des prédicateurs de la croisade, et Pélage, évêque d'Albano. Le premier avait reçu du pape la charge d'exercer auprès des croisés les fonctions de son ministère sacerdotal, et le second amenait une troupe de pélerins italiens qui marchaient sous ses ordres ; il était revêtu du titre de légat du Saint-Siége, et muni de trésors destinés à subvenir aux frais de la guerre. Il amenait avec lui plusieurs Champenois illustres : les comtes Miles de Bar-sur-Seine et Eudes de Châtillon-sur-Marne, l'archevêque de Reims et l'évêque de Meaux. A peine arrivé en Egypte, il disputa le commandement militaire à Jean de Brienne : pour appuyer ses prétentions, il disait que les croisés avaient pris les armes à la voix du souverain Pontife; qu'ils ne devaient reconnaître d'autre chef que son légat, dépositaire de toute sa puissance et représentant de son autorité suprême. Le roi de Jérusalem, quoiqu'extrèmement irrité d'une proposition aussi extraordinaire, ne sortit point des bornes de la modération et sut se contenir. Il prévoyait que la discorde viendrait par celui dont la mission était de rétablir la paix, et que l'envoyé du pape, chargé de prêcher l'humilité parmi les chrétiens, allait tout perdre par sa folle présomption. Les barons et les principaux chefs de l'armée ne furent pas moins scandalisés de la conduite si peu raisonnable du légat ; et, trouvant qu'il était contre leur dignité d'obéir à d'autres qu'au roi, ils confirmèrent Jean de Brienne dans la résolution qu'il avait prise de conserver le commandement des troupes, sans pour cela refuser au cardinal les honneurs et les respects dus à son rang.

XVII.

Le sultan d'Egypte campait toujours sur les bords du Nil dans le voisinage de Damiette, où il attendait les princes de sa famille. La garnison de la ville recevait chaque jour des vivres et des renforts. Ces préparatifs des musulmans firent sortir les croisés de leur inaction ; et, conduits par le roi Jean de Brienne qui avait résisté avec une respectueuse énergie aux prétentions de Pélage, ils reprirent les travaux du siége ; ils livrèrent même plusieurs assauts à la ville du côté du fleuve. Une fois les Sarrasins s'étaient glissés secrètement le long du Nil, et étaient venus dans le mois d'octobre attaquer le camp des chrétiens ; Jean de Brienne, animé par la vue du danger, y vola avec l'évêque de Bethléem, à la tête d'une poignée de soldats d'élite, se précipita comme un lion au plus fort du péril, mit les ennemis en fuite, et les poursuivit avec tant d'ardeur que quinze cents d'entre eux se noyèrent en regagnant leurs bateaux. Dans une autre action non moins glorieuse, le roi de Jérusalem, accouru au quartier des Templiers qu'attaquaient de formidables bataillons, repoussa ceux-ci avec la même vigueur, et leur tua encore cinq cents hommes : rien n'égalait la constance héroïque avec laquelle Jean de Brienne et ses soldats bravèrent, pendant plusieurs mois, le froid, la pluie, la faim, toutes les fatigues de la guerre et toutes les rigueurs de la saison. Une maladie contagieuse exerça les plus grands ravages dans l'armée chrétienne. Le roi et le légat, peu d'intelligence dans tout le reste, s'accordèrent parfaitement pour secourir et consoler le peuple confié à leurs soins. Le brave Jean de Brienne, sans crainte d'exposer sa personne, allait lui-même dans les hôpitaux de l'armée et dans les tentes visiter les soldats ; il adressait à chacun des paroles de sympathie avec cet air de bonté affectueuse qui lui gagnait tous les cœurs ; il s'informait des diverses phases de leur maladie ; s'asseyait familièrement au chevet de leur lit de souffrances, et ne se retirait qu'après leur avoir distribué abondamment toutes les douceurs qu'il pouvait leur procurer. Le légat, de son côté, leur administrait les sacrements, exhortait les moribonds, et pourvoyait également aux besoins de l'âme et du corps. Dieu bénit leur zèle, en ce qu'ils eurent la satisfaction d'en arracher plusieurs à la mort, et de voir les autres rendre pieusement le dernier soupir.

Un orage épouvantable, qui dura trois jours, enleva les tentes et les bagages, sans ralentir la fureur des combats qui se renouvelaient sans cesse. On ne savait ce qu'il y avait le plus à craindre, ou les tonnerres qui éclataient en foudres, ou les sables mouvants que les vents transportaient en tourbillons, ou les eaux qui les inondaient de leurs vagues mugissantes. La mer en courroux, grondant au loin et toute blanche d'écume, força ses digues ; et, ne trouvant plus rien qui arrêtât son impétuosité, elle entra jusque dans le camp, où, mêlant ses flots avec ceux du Nil, qui était extrêmement grossi, elle entraînait hommes et chevaux : elle aurait tout emporté dans sa violence, si, par bonheur, les eaux n'eussent rencontré le canal que le roi Jean de Brienne avait fait creuser, pour frayer aux vaisseaux un passage par où elles s'écoulèrent. Néanmoins, le torrent creva la chaussée élevée du côté du camp ; le roi de Jérusalem eut encore beaucoup à travailler pour fermer ces ouvertures avec des voiles de vaisseaux, des terres rapportées, des poutres, des ossements d'animaux, et pour mettre un frein à ce déluge qui, malgré tous les efforts de Jean de Brienne, ne laissa pas que d'exercer d'affreux ravages.

Enfin les chrétiens, maîtres de toute la rive occidentale du Nil, songèrent à traverser le fleuve pour attaquer la ville du côté de la terre : le passage était difficile et périlleux ; le sultan d'Egypte avait placé son camp sur le rivage opposé ; la plaine, où les chrétiens voulaient établir leurs tentes, était couverte de musulmans ; un évènement inattendu aplanit tous les obstacles. On remarquait parmi les émirs le chef d'une troupe de Courdes, nommé Emaddedin, presqu'aussi redoutable que le vieux de la Montagne, dont les menaces faisaient trembler les monarques les plus puissants. Ce terrible machinateur d'intrigues conçut le projet de détrôner le sultan du Caire pour mettre à sa place un autre fils de Malek-Adel. Le sultan, averti de la conjuration tramée contre lui, sortit de son camp au milieu de la nuit. Le lendemain, au lever du jour, le plus grand tumulte régnait parmi les émirs : les uns se rassemblaient autour d'Emaddedin, et juraient de suivre sa fortune ; les autres, doutant du succès de son entreprise, gardaient le silence ; plusieurs faisaient le serment de défendre Melik-Kamel. Au milieu de ces débats, une terreur panique saisit tous les soldats qui se précipitaient en désordre sur les traces du sultan fugitif. A cette nouvelle, Jean de Brienne jugea qu'il n'y avait pas un instant à perdre ; et l'armée chrétienne se hâta de traverser le Nil, s'empara du camp des musulmans, fit un immense butin, et s'approcha des remparts de Damiette.

Le roi de Jérusalem partagea ses troupes en deux corps, l'un destiné à former le siége, l'autre réservé à la garde du premier camp ; et, pour se ménager une communication de l'un à l'autre, il fit jeter un pont sur le fleuve, dont il confia la défense aux Templiers. Ensuite, pour encourager les soldats, il leur distribua les richesses qu'on avait enlevées dans le camp ennemi. Les croisés, excités par les libéralités de leur roi, repoussèrent victorieusement les fréquentes sorties des Sarrasins. Au milieu de ces luttes sanglantes, personne ne restait dans l'inaction parmi les chrétiens : le clergé se mettait en prières ou soignait les blessés ; les femmes et les enfants apportaient aux combattants des vivres, des pierres et des javelots. Des tourbillons d'une poussière brûlante s'élevaient dans les airs et couvraient les deux armées. Les cris des mourants, le son des trompettes, le choc des armes, retentissaient sur les collines du voisinage et sur les rives du fleuve. Tantôt les musulmans étaient mis en fuite et disparaissaient submergés dans le Nil ; tantôt les chrétiens, accablés à leur tour, laissaient un grand nombre de leurs guerriers sur le champ de bataille : le carnage dura toute la journée, sans que la victoire se décidât ni pour les infidèles, ni pour les croisés.

Le lendemain, de vives altercations s'élevèrent entre la cavalerie et l'infanterie, qui s'accusaient réciproquement des pertes qu'avait éprouvées l'armée chrétienne. Ces débats s'échauffèrent au point que les fantassins et les cavaliers demandèrent à grands cris de retourner au combat, et se précipitèrent en tumulte hors du camp pour donner une preuve éclatante de leur bravoure. Le roi Jean de Brienne, qui connaissait le premier moteur de ces troubles, protesta qu'en marchant à leur tête il ne cédait qu'à la violence ; il ne put retenir ni diriger l'ardeur impétueuse des soldats qui combattirent en désordre. La déroute était complète, et tout était perdu sans l'héroïsme de ce prudent monarque ; il eut à soutenir tous les efforts de l'armée sarrasine ; et, quoiqu'il faillit être brûlé vif par le feu grégeois, dont on eut mille peines à le dégager, il conserva son sang-froid dans la chaleur du combat, et resta comme un mur impénétrable devant l'ennemi. Tantôt, cédant, lui et ses braves qu'il conduisait, il essuyait imperturbablement toute la fureur des musulmans qui s'acharnaient à sa poursuite ; tantôt, rebroussant chemin, il repoussait vigoureusement les ennemis et en faisait un horrible massacre, semblable à l'océan qui conserve toujours la même majesté, soit qu'il retire ses flots dans le sein de ses abîmes, soit qu'il les répande au loin sur ses rivages. Il rentra ainsi dans ses retranchements, non sans laisser d'illustres guerriers couchés dans la poussière du champ de bataille, et de nombreux prisonniers entre les mains du sultan. Emaddedin, plus touché de la belle retraite du roi Jean de Brienne, que de l'avantage qu'il venait de remporter, traita honorablement les captifs de l'armée chrétienne, et en renvoya quelques-uns pour annoncer de sa part des propositions de paix.

XVIII.

La renommée publiait alors l'arrivée prochaine de l'empereur d'Allemagne ; les musulmans tremblaient d'avoir à combattre le plus puissant des monarques occidentaux. Le sultan de Damas, au nom de tous les princes de sa famille, envoya des ambassadeurs au camp des croisés, pour y faire des offres très-avantageuses : il promettait de restituer la vraie Croix, prise par Saladin, et de remettre en liberté tous les chrétiens que les Sarrasins tenaient dans leurs fers. Il s'engageait à rendre à Jean de Brienne le royaume et la ville de Jérusalem, et, comme on venait de démolir les remparts et les tours de la cité sainte, il offrait de payer deux cent mille dinars pour les rebâtir ; il ne se réservait que les places de Krak et de Montréal, situés dans l'Arabie, et nécessaires pour la sûreté des transactions commerciales de ses sujets et des caravanes qui venaient annuellement en pélerinage à la Mecque au tombeau de Mahomet. Pour cela, il consentait à payer un tribut. Les principaux chefs de l'armée chrétienne s'assemblèrent pour délibérer sur ces propositions. Le roi de Jérusalem et tous les barons français, anglais, allemands, furent d'avis d'accepter la paix.

« En souscrivant à ces conditions du sultan, on atteignait le but de la croisade, la délivrance des saints lieux, disaient-ils ; le siége de Damiette pouvait se prolonger encore... Beaucoup de croisés revenaient chaque jour en Europe ; chaque jour une foule de guerriers musulmans accouraient sous les drapeaux des sultans du Caire et de Damas... Lorsqu'on aurait pris Damiette, on serait trop heureux de l'échanger contre le royaume de Jérusalem... Les musulmans offraient de donner, avant la victoire, tout ce qu'on pouvait obtenir et désirer après la conquête... Il n'était pas sage de refuser ce que la fortune venait offrir sans combats et sans périls... On devait éviter l'effusion du sang, et penser que les victoires achetées par la mort des soldats de la croix n'étaient point celles qui plaisaient le plus au Dieu des chrétiens. »

Le roi de Jérusalem et la plupart des barons parlaient ainsi, et cherchaient à ramener à leur opinion les seigneurs italiens, et la plupart des prélats que le cardinal Pélage entraînait dans un sentiment contraire. Le légat du pape se regardait comme le chef de cette guerre ; il voulait la continuer pour prolonger sa puissance et se faire un grand renom de bravoure et d'habileté. On délibéra pendant plusieurs jours, et tandis que la discussion s'échauffait dans le conseil, les hostilités recommencèrent ; alors tous les croisés se réunirent pour continuer le siége de Damiette. Le sultan employa tous les stratagèmes pour faire parvenir des secours dans la ville, et pour relever le courage de la garnison et des habitants. Quelques plongeurs traversaient le Nil au milieu de la flotte chrétienne, pénétraient dans les murs de Damiette, et couraient apprendre au sultan que la peste, la famine et le désespoir régnaient dans la ville. Tantôt on remplissait de provisions quelques sacs de peau, qu'on abandonnait au cours du Nil, et qui venaient flotter sous les remparts de la malheureuse cité ; tantôt on cachait des pains dans des linceuls qui enveloppaient des cadavres, et qui, portés par les eaux, étaient arrêtés au passage par les assiégés. Ces communications ne tardèrent pas à être découvertes, et Jean de Brienne fit barrer le fleuve avec d'immenses filets où l'on prenait tout ensemble ces vivres et les plongeurs qui se rendaient à la ville entre deux eaux. Enfin le sultan tenta un dernier effort : cinq cents hommes d'élite devaient se jeter dans la place en passant par un endroit faible, où l'on avait dressé une machine qu'on nommait le Trébuchet; mais ils s'égarèrent dans les ténèbres, et allèrent aboutir à un poste qu'on appelait le Talus du roi. Jean de Brienne accourut au bruit, fondit sur eux l'épée à la main, et massacra les soldats musulmans qui restèrent au nombre de cent quarante sur le champ de bataille; les autres retournèrent vers le sultan pour lui apprendre le triste résultat de leur expédition.

Alors les assiégés, accablés par la fatigue, poursuivis par la famine, livrés au désespoir, n'avaient plus la force de défendre les tours et les remparts; ils abandonnaient leurs maisons et fuyaient une cité remplie des images de la mort. Plusieurs vinrent implorer la pitié des croisés. Le commandant de Damiette chercha vainement à relever le courage du peuple et des soldats; et, pour arrêter les désertions, il fit murer les portes de la ville. Dès lors ni le sultan du Caire, ni les croisés ne purent savoir ce qui se passait dans la place assiégée, où régnait un lugubre silence, et qui, selon l'expression d'un auteur arabe, n'était plus qu'un sépulcre fermé.

Les chrétiens avaient placé leurs machines au pied d'une tour; comme ils virent que personne ne la défendait, ils vinrent en informer le roi Jean de Brienne, qui envoya aussitôt ses gens pour s'en emparer; il résolut en même temps de livrer un assaut et donna ordre aux troupes de se tenir prêtes au premier signal. Dès la pointe du jour, les plus hardis montent dans la tour qu'ils trouvent déserte; ils arborent l'étendard du roi de Jérusalem; ils appellent à leur secours leurs compagnons. L'armée chrétienne applaudit à leur victoire et leur répond par des cris d'allégresse. Soudain, les soldats courent aux armes, plantent les échelles, et font mouvoir les béliers. On escalade les murailles; on démolit, on ouvre les portes : les croisés, l'épée nue à la main, se préparent à combattre les infidèles; mais lorsqu'ils pénètrent dans les rues, un affreux spectacle les saisit d'épouvante. Les places publiques, les maisons, les mosquées, toutes les rues étaient jonchées de cadavres. La vieillesse, l'enfance, l'âge mûr, tout avait péri dans les horreurs du siége. Damiette comptait, à l'arrivée des croisés, plus de soixante mille habitants ; il n'en restait que trois mille des plus robustes qui se traînaient, comme de pâles ombres, au milieu des tombeaux et des ruines.

Ce lamentable tableau toucha le cœur des croisés, et mêla un sentiment de tristesse à la joie que leur causait la victoire. Le roi Jean de Brienne s'occupa du sort des malheureux habitants qui avaient échappé à la peste et à la famine. Jacques de Vitry, en décrivant les désastres de ces fléaux, donne surtout des larmes aux petits enfants qui demandaient du pain à leurs parents décédés. Le sort de ces petits enfants qu'on trouva encore en vie intéressa le vertueux évêque de Ptolémaïs, qui en acheta plusieurs pour leur administrer le baptême et les élever dans la vraie religion ; la pieuse charité du prélat ne put leur procurer que la vie éternelle, car ils moururent presque tous après leur régénération sacramentelle. Le roi de Jérusalem donna la liberté et du pain aux musulmans qui vivaient encore, et il employa au nettoyage de la ville tous ceux qui avaient assez de force pour travailler. Le spectacle que présentait Damiette, et l'air empoisonné qu'on y respirait, obligèrent l'armée chrétienne de retourner dans son camp, et d'attendre le moment où la cité en deuil pourrait être habitée sans danger.

Damiette avait une célèbre mosquée, ornée de six vastes galeries et de cent cinquante colonnes de marbre, surmontée d'un dôme superbe qui dominait tous les édifices de la ville. Cette mosquée, où, la veille, les musulmans éplorés invoquaient encore Mahomet, fut consacrée à la vierge Marie. Toute l'armée chrétienne, après s'être partagé les dépouilles opimes de la cité qui renfermait d'immenses richesses en épiceries, en diamants, en étoffes précieuses, vint, dans le temple nouvellement dédié à Notre-Dame, remercier le ciel du triomphe accordé aux armes des croisés. Le lendemain, les barons et les prélats s'y rendirent encore pour délibérer sur leur conquête, et, par une résolution unanime, donnèrent la ville de Damiette au roi de Jérusalem.

XIX.

A la nouvelle de la prise de Damiette, les musulmans qui défendaient l'Egypte avaient d'abord été frappés d'une si grande terreur que, pendant plusieurs jours, aucun d'eux n'osa paraître devant les chrétiens. La forteresse de Tanis, bâtie au-delà du lac de Menzaleh, et l'un des plus fermes boulevards de l'Egypte, tomba sans défense au pouvoir des Francs. Dès-lors les croisés purent croire qu'ils n'avaient plus d'ennemis sur les bords du Nil. La moitié de l'armée profita de l'approche du printemps pour retourner en Europe ; ceux qui restaient sous les drapeaux de la croisade se livrèrent à la mollesse, à la débauche, à tous les plaisirs que leur inspiraient le doux climat et le beau ciel des Pharaons. Dans ces voluptueux loisirs, on vit bientôt renaître les divisions qui avaient éclaté pendant la guerre. Le fier cardinal Pélage parlait en vainqueur et commandait en maître. Le roi de Jérusalem, le vénérable Jean de Brienne, ne voyait pas sans un extrême chagrin les orgueilleuses prétentions du légat. Il n'attendait que l'occasion de pouvoir s'éloigner de l'Egypte sous un honnête prétexte. La mort du roi d'Arménie, dont la reine de Jérusalem, son épouse, se prétendait héritière, lui en fournit un motif légitime, et il quitta l'armée, dont il était le chef, pour se retirer à Ptolémaïs.

Mais les croisés reçurent bientôt des renforts dont le zèle du souverain Pontife avait provoqué le départ pour l'Orient. Le duc de Bavière, envoyé par l'empereur Frédéric II, arriva suivi de quatre cents chevaliers allemands. Des guerriers français, lombards, pisans et génois, débarquèrent en même temps sur le rivage africain. Les lettres du pape au cardinal Pélage étaient accompagnées de sommes considérables, les unes tirées de son propre trésor, les autres offertes par les fidèles de l'Occident. Alors le légat résolut de poursuivre la guerre et de marcher contre la capitale de l'Egypte ; mais les barons et les chevaliers refusèrent de lui obéir, et il se vit forcé d'envoyer des députés au roi Jean de Brienne, qui, pressé par le pape lui-même, se laissa enfin fléchir, et consentit, après une absence de plusieurs mois, à revenir prendre le commandement de l'armée chrétienne.

« Nous avons appris, lui écrivait Honorius III, que vous vous êtes retiré de devant Damiette avec toutes vos troupes, et que vous êtes retourné à Ptolémaïs. Si vous l'avez fait dans le dessein de vous opposer aux courses des Sarrasins qui infestent toute la Palestine, nous louons votre prudence ; surtout s'il est vrai que les chrétiens y fussent si molestés, qu'ils eussent besoin d'un si puissant secours. Il ne conviendrait pas à un aussi grand prince que vous de rester dans l'inaction ou de vous occuper de vos affaires personnelles, tandis que d'autres donnent leur sang et exposent leur vie pour la cause de Jésus-Christ. J'aurais encore bien plus de peine à me persuader, ce que certaines gens ont rêvé sans doute, que vous voulussiez porter la guerre dans l'Arménie. Vous êtes, je crois, trop sage pour ne pas voir le danger, le préjudice et la honte qui en pourraient revenir aux armes des chrétiens en Orient, et combien vous vous rendriez odieux au siége apostolique et à tous les fidèles, si, tandis que toutes les forces du Christianisme sont en mouvement pour vous et pour la délivrance de la Terre-Sainte, vous alliez vous séparer pour servir à des intérêts personnels dans lesquels vous ne sauriez vous flatter d'avoir quelque succès qu'après qu'on aura réussi en ce qui concerne la cause commune.... »

En même temps Honorius III, sur les instances de Jean de Brienne, confirma les droits de ce prince sur la succession au royaume d'Arménie, par un acte en date des premiers jours de février 1220. Mais Raymond, prince d'Antioche, qui avait épousé la fille de Rhoupen, frère aîné de Lievon, roi d'Arménie, s'était adressé aussi au souverain Pontife pour lui demander justice ; il prétendait que les droits de la fille de l'aîné devaient l'emporter sur ceux de la fille du plus jeune. Honorius renvoya la décision de cette affaire au légat Pélage, que le roi de Jérusalem eût pu légitimement récuser. Il ne fut pas nécessaire de recourir à son arbitrage. Dieu trancha lui-même la question litigieuse en appelant à lui la reine de Jérusalem et le fils que Jean de Brienne avait eu de cette princesse arménienne. Ainsi Raymond resta tranquille possesseur de son droit du côté du roi Jean, qui ne pouvait plus le lui disputer.

XX.

Dès que Jean de Brienne fut revenu à Damiette, les chefs des croisés se réunirent en conseil pour délibérer sur ce qu'ils avaient à faire ; le légat exposa que l'Egypte était le plus puissant des Etats musulmans, et que si l'armée chrétienne parvenait à s'en emparer, on se rendrait aisément maître ensuite de la Syrie et de toute la Palestine. Jean de Brienne, interprète de l'opinion des chevaliers du Temple et de l'Hôpital, et de la plupart des barons, en même temps qu'il exprimait son propre avis, déclara d'abord à l'assemblée que personne n'était plus intéressé aux conquêtes des chrétiens en Orient que celui qui avait l'honneur d'être roi de Jérusalem. Il montra ensuite combien il était imprudent de remonter le Nil dans une saison où ce fleuve commençait à croître, et pouvait inonder les chemins qui conduisaient au Caire : « Nous allons marcher, ajoutait-il, sur une terre inconnue, au milieu d'une nation ennemie ; vaincus, il ne nous restera plus d'asile ; vainqueurs, nos victoires ne feront qu'affaiblir notre armée. S'il nous est facile de conquérir des provinces, il nous sera peut-être impossible de les défendre. Nous n'aurons pas à lutter contre une armée, mais contre tout un peuple animé par le désespoir. Tous les musulmans vont devenir autant d'intrépides soldats impatients de verser leur sang sur le champ de bataille. Que dis-je ? nous aurons moins à redouter leur courage que leur timide prudence. Ils ne manqueront pas d'éviter le combat et d'attendre que les maladies, la disette, la discorde, l'inconstance des esprits, le débordement du Nil, la chaleur du climat, viennent triompher de nos efforts et faire échouer toutes nos entreprises. »

L'éloquent roi de Jérusalem fondait son opinion sur ses connaissances profondes dans l'art de la guerre ; il termina son discours en disant : « Que Damiette et Tanis suffisaient pour contenir les peuples de l'Egypte ; qu'il fallait reprendre les villes qu'on avait perdues avant de songer à conquérir les pays qu'on n'avait jamais possédés ; qu'enfin on ne s'était point réuni sous les drapeaux de la Croix pour assiéger Thèbes, Babylone et Memphis, mais pour délivrer la ville sainte qui ouvrait ses portes aux chrétiens, et dans laquelle on pouvait se fortifier contre toutes les attaques des infidèles. »

Le belliqueux cardinal n'écouta le roi de Jérusalem qu'avec une vive impatience ; il répondit que la faiblesse et la timidité se couvraient souvent du voile de la modération et de la prudence. Il ajouta plusieurs motifs à ceux qu'il avait déjà donnés pour entreprendre la conquête de l'Egypte, et les exprima en termes pleins d'amertume. Enfin, entraîné par la chaleur de la discussion, il menaça des foudres de l'Eglise tous ceux qui ne se rangeraient pas à son avis. La plupart des chefs, et Jean de Brienne lui-même, craignant d'être excommuniés, mais redoutant plus encore de voir leur bravoure exposée au moindre soupçon, cédèrent à la volonté opiniâtre de Pélage. Le conseil des barons et des évêques décida que l'armée chrétienne partirait de Damiette pour marcher contre la capitale de l'Egypte. Cette armée, composée de plus de soixante mille hommes, s'avança vers le Caire au mois d'août 1221. Elle traversa Pharescour et plusieurs villages abandonnés par leurs habitants. Tout fuyait à l'aspect des croisés, qui croyaient ne trouver aucun obstacle à leurs victoires. Le présomptueux légat, plein de confiance dans une prédiction qu'on lui avait faite dans sa jeunesse, se flattait déjà qu'il allait abattre le culte de Mahomet, et il éprouvait un plaisir secret d'avoir forcé Jean de Brienne à plier sous ses volontés. Sans livrer un seul combat, l'armée arriva au sommet de l'angle du Delta, et établit son camp à l'endroit où le canal d'Aschmoun se sépare du Nil. Le sultan occupait la plaine de Mansourah, de l'autre côté du canal, avec toutes ses forces ; mais le bruit de l'arrivée de l'empereur Frédéric et de l'approche des Tartares avait jeté l'alarme parmi les musulmans, et leur faisait désirer de terminer une guerre qui épuisait leurs ressources, et ne leur offrait pas même dans la victoire le dédommagement de tant de sacrifices.

Des ambassadeurs vinrent proposer la paix aux chefs de l'armée chrétienne ; ils leur promettaient de leur laisser Damiette et son territoire, ainsi que de leur rendre Jérusalem avec toutes les places de la Palestine conquises par Saladin. Le roi Jean de Brienne, et la plupart des barons, qui prévoyaient les périls de l'expédition commencée, écoutèrent avec autant de suprise que de joie les propositions des infidèles, et n'hésitèrent point à les accepter ; mais le légat, qui exerçait une autorité absolue, jugea que ces intentions pacifiques étaient dictées par une crainte dont il fallait profiter pour battre un ennemi déjà vaincu par la frayeur. On fortifia donc le camp par un fossé très-profond et par un rempart de terre; on dressa des machines le long du fleuve; l'armée resta plusieurs jours dans cette position, et ne fit aucun effort ni pour attaquer les Sarrasins, ni pour passer le Nil. Dans cet état d'inaction, plusieurs se lassèrent d'une guerre où l'on ne livrait point de batailles; d'autres crurent qu'on n'avait plus besoin de leur secours. Quelques-uns, plus prévoyants, craignirent de prochains revers; plus de dix mille croisés abandonnèrent le camp et retournèrent à Damiette. Enfin le débordement du Nil vint troubler l'imprudente sécurité des soldats de la Croix. Les Sarrasins levèrent les écluses et remplirent tous les canaux de la Basse-Egypte. La flotte musulmane entra dans les canaux et pénétra jusqu'à la flotte chrétienne. Dans un seul combat, les vaisseaux des croisés furent presque tous dispersés et consumés par le feu grégeois. L'effroi s'empara des chrétiens qui manquaient de vivres, et n'avaient plus l'espérance d'en recevoir.

Le légat et ses partisans ouvrirent alors les yeux, mais un peu trop tard; c'était une nécessité de revenir sur leurs pas et de regagner Damiette. Le roi Jean de Brienne voulut bien se charger d'opérer cette difficile et périlleuse retraite. Quelquefois les grands hommes eux-mêmes se laissent dominer par un certain dépit qui leur fait sacrifier le bien public à leur propre gloire. Tout autre que le roi de Jérusalem eût peut-être laissé le présomptueux légat se tirer à loisir de l'abîme où il s'était précipité par sa faute. Mais le vertueux Jean de Brienne ne succomba point à cette criminelle tentation; une tendre et religieuse compassion pour tant de braves soldats qu'il voyait en danger de périr étouffa en lui jusqu'au plaisir malin qu'il eût pu ressentir intérieurement à la vue d'un fier rival profondément humilié. Il donna ordre de partir en silence à l'entrée de la nuit. Les mesures étaient habilement prises; mais les Allemands avaient mis imprudemment le feu à leur quartier, afin que les Sarrasins ne profitassent pas de leurs dépouilles; les tourbillons de fumée avertirent les ennemis qui aussitôt coururent aux armes, de sorte que la tentative du roi Jean échoua.

Dans cettte extrémité, Jean de Brienne et les principaux chefs des croisés envoyèrent plusieurs de leurs chevaliers aux Sarrasins pour leur proposer le combat; mais ceux-ci ne furent ni assez imprudents, ni assez généreux pour accepter une proposition inspirée par le désespoir. Les chrétiens étaient épuisés de faim et de fatigues ; la cavalerie, enfoncée dans la vase, ne pouvait avancer ni reculer. Les fantassins avaient jeté leurs armes ; les bagages de l'armée flottaient sur les eaux ; on n'entendait plus que des gémissements et des plaintes. Au milieu de ces murmures, le cardinal Pélage fut obligé de négocier la paix, et sa fierté s'abaissa jusqu'à implorer la clémence des Sarrasins. Il offrit de rendre Damiette, à condition que l'armée chrétienne serait libre de retourner en Palestine. Le sultan était un prince doux et prudent, plus ami de la paix qu'altéré de sang ; il accepta la capitulation et envoya son propre fils au camp des chrétiens pour gage de sa parole. Le roi de Jérusalem, le duc de Bavière, le légat du pape et les principaux chefs de l'armée se rendirent au camp des Sarrasins, et restèrent en ôtage jusqu'à l'accomplissement du traité.

La nouvelle de ces évènements jeta la consternation dans Damiette, et arracha des larmes à la foule des pélerins qui arrivaient alors de l'Occident. Le plus grand tumulte régnait dans la ville. Les uns, pleins de désespoir, voulaient retourner en Europe, et se préparaient à déserter les drapeaux de la croisade ; les autres, saisis d'indignation, couraient vers les remparts, s'emparaient des tours et juraient de les défendre. Il fallut que le roi Jean de Brienne annonçât qu'il livrerait Ptolémaïs aux musulmans si l'on refusait de rendre Damiette.

L'armée chrétienne aurait péri victime de l'inondation, de la faim et des maladies, si Jean de Brienne, qui se trouvait alors au camp des Sarrasins, informé de l'horrible détresse des croisés, n'eût pas engagé Melik-Kamel à prendre pitié de ses ennemis désarmés. Le continuateur de Guillaume de Tyr rapporte, dans son vieux langage, l'entrevue touchante de Jean de Brienne et du sultan d'Egypte. « Le roi s'assit devant le soudan, et se mit à pleurer ; le soudan regarda le roi qui pleurait, et lui dit : Sire, pourquoi pleurez-vous ? — Sire, j'ai raison, répondit le roi, car je vois le peuple, dont Dieu m'a chargé, périr au milieu de l'eau et mourir de faim. Le soudan eut pitié de ce qu'il vit le roi pleurer ; il pleura aussi ; puis il envoya trente mille pains aux pauvres et aux riches. Ainsi leur envoya quatre jours de suite, fit fermer les écluses, et la plaine cessa bientôt d'être inondée. » Les débris de l'armée chrétienne évacuèrent l'Egypte après la reddition de

Damiette. Leur retour à Ptolémaïs y porta la désolation. L'issue
de cette gigantesque entreprise, qui avait semblé menacer toutes
les puissances musulmanes, causa aux infidèles une joie d'autant plus grande qu'elle était inespérée.

Olivier Scholastique, témoin oculaire et consciencieux des
évènements, est loin de présenter le caractère altier du légat
comme l'auteur des revers de cette expédition ; et, son autorité
ayant plus de poids qu'aucune autre, réduit à leur juste valeur
les accusations virulentes dont la conduite du cardinal Pélage
a été l'objet de la part de certains historiens. D'ailleurs le pape
Honorius ne voulut point condamner son légat, et reprocha à
l'empereur Frédéric d'être resté spectateur d'une guerre malheureuse. Le César d'Allemagne, dont la politique consistait à
tromper le Saint-Siége sur ses intentions, couvrait ses desseins
ambitieux sur l'Occident de la promesse de marcher à la délivrance de l'Orient. Bien qu'il eût envoyé en Egypte le duc de
Bavière et le comte de la Pouille, le souverain Pontife l'accusa,
à bon droit, d'avoir été la principale cause des désastres de la
croisade. Frédéric répondit par des menaces aux remontrances
du pape. Honorius, agissant avec la mansuétude d'un ministre
de paix, accueillit alors l'idée d'intéresser plus étroitement
l'empereur au sort de la Palestine, en lui faisant épouser Yolande, fille de Jean de Brienne, héritière du royaume de Jérusalem. Les conditions du mariage furent arrêtées dans une conférence tenue en Campanie, l'an 1223 ; les grands-maîtres des
Templiers, des hospitaliers de l'ordre Teutonique, le patriarche
et le roi de Jérusalem, appelés en Italie pour délibérer sur les
affaires de la croisade, applaudirent à cette union, qui leur assurait le secours d'un puissant monarque. Les noces de Frédéric
avec la princesse Yolande furent célébrées à Brindes en 1225,
et la nouvelle impératrice fut couronnée l'année suivante par
le pape, dans la basilique de Saint-Pierre de Rome.

XXI.

Cependant, le roi de Jérusalem alla solliciter des secours pour
la Terre-Sainte dans les principaux Etats de l'Europe. Lorsqu'il
arriva en France, les Français pleuraient la mort de Philippe-

Auguste. Jean de Brienne assista aux funérailles de son maître et de son bienfaiteur, qui avait légué trois mille marcs d'argent aux défenseurs de la Palestine. Au mois d'août de la même année 1223, il assista également au sacre du roi Louis VIII, couronné à Reims avec la reine Blanche, son épouse, par l'archevêque Guillaume de Champagne. Il est probable que le roi de Jérusalem accompagna aussi le nouveau monarque, et qu'il l'engagea même au voyage qu'il fit peu après à Vaucouleurs, village limitrophe de la Champagne et de la Lorraine, où lui et l'empereur Frédéric renouvelèrent l'ancienne amitié que Philippe-Auguste avait toujours cultivée avec la maison de Souabe. De là, le roi Jean de Brienne, après avoir mis ordre à ses affaires de famille, se rendit à Tours, où il prit solennellement le bourdon de pélerin, dans le dessein d'aller visiter le tombeau de saint Jacques de Compostelle en Galice, pélerinage alors aussi fréquenté que celui même de la Palestine.

La piété solide de ce prince eut sans doute beaucoup de part à ce lointain voyage, aussi bien que le dessein de solliciter les secours des divers monarques de l'Espagne, mais la politique n'y était pas étrangère. Jean de Brienne, plongé dans un veuvage anticipé, n'ignorait pas qu'à la cour de Castille il y avait une jeune princesse qui convenait infiniment à ses intérêts. C'était Bérengère, fille d'Alphonse IX, roi de Léon, et de Bérengère de Castille. Son frère, Ferdinand III, avait épousé tout récemment Béatrix, fille de l'empereur Philippe de Souabe. Frédéric II, cousin-germain et tuteur de cette princesse, l'avait accordée à la demande solennelle qui lui en avait été faite par l'évêque de Burgos et l'abbé de Saint-Pierre d'Alcantara, ambassadeurs du jeune monarque. D'un autre côté, dona Bérengère de Castille était sœur de la reine Blanche, épouse de Louis VIII et mère de saint Louis. Un mariage qui devait approcher Jean de Brienne de l'empereur Frédéric, qu'il s'attachait encore davantage par ce nouveau lien, et en même temps lui procurer une nouvelle considération à la cour de France, en le faisant l'époux de la nièce de la reine, excitait puissamment l'ambition de ce royal pélerin. Il souhaitait ardemment cette alliance; aussi, ses dévotions en Galice étaient à peine terminées, qu'il passa à la cour de Castille, où il trouva un accueil franc et cordial.

La courtoisie espagnole ne pouvait faire défaut à sa vieille réputation dans la patrie du Cid, le héros de Burgos, ni à Tolède, la noble ville, centre de la civilisation méridionale. Aussi, les chevaliers, émules de Rodrigue, les gentilles châtelaines, dont le cœur battait aux souvenirs romanesques de Chimène, fêtèrent-ils à l'envi, sur les bords parfumés du Tage, un prince qui s'était rendu si redoutable aux Sarrasins d'Asie et d'Afrique. Les noces furent célébrées avec toute la solennité d'usage. Peu après les fêtes nuptiales, Jean de Brienne retourna en France avec son épouse, passa par l'Aragon, où il séjourna quelque temps au milieu des honneurs de la cour, et arriva à Paris au moment où Louis VIII se disposait à prendre d'assaut la Rochelle, la seule place qui tînt encore pour Henri III, en Saintonge, et où Savary de Mauléon avait juré de se défendre jusqu'à la dernière extrémité. Invoquant le secours du ciel pour les armes françaises, Blanche de Castille, nu-pieds et en chemise, ainsi que Bérengère, la nouvelle reine de Jérusalem, sa nièce, et Isemburge même, veuve de Philippe-Auguste, se rendirent en procession à Notre-Dame, suivies des enfants de France, d'une foule de bannerets et de tout le clergé. Le lendemain de cette cérémonie propitiatoire, la division se glissa dans la garnison anglaise; les secours qu'elle attendait n'arrivèrent point; et, après trois semaines de blocus, la ville se rendit à discrétion.

Pendant ce temps-là, Jean de Brienne parcourait successivement l'Angleterre, l'Allemagne, et repassait en Italie, où sa présence et ses discours rappelèrent aux chrétiens les malheurs de la Terre-Sainte. Frédéric montra alors un zèle très-ardent pour la délivrance du divin sépulcre; il hâtait les préparatifs d'une expédition qu'il devait diriger en personne; il pressait le pape de rétablir la paix entre les rois de France et d'Angleterre, afin que la noblesse de ces deux pays pût participer à la croisade, et il engageait Honorius III à appeler les autres princes de l'Europe à y concourir. Enfin, l'empereur déployait tant d'activité, montrait tant d'ardeur, que toute l'espérance des chrétiens de la Palestine se portait vers lui, et qu'il était regardé comme l'âme, le mobile et le chef de la guerre sainte : on l'attendait sur les bords du Nil et du Jourdain, selon l'expression du patriarche d'Alexandrie, comme autrefois les justes avaient attendu le Messie.

Ce grand zèle, qu'affectait l'empereur d'Allemagne dans les

préparatifs de l'expédition d'outre-mer, ne l'empêchait pas de chercher quelque prétexte pour différer encore son départ. Il pria le roi Jean de Brienne d'intercéder en sa faveur auprès du souverain Pontife. Les motifs, en apparence légitimes, ne lui manquaient pas : le royaume de Sicile et de Naples renfermait des germes de discorde et de rébellion ; il était à craindre aussi que les républiques de la Lombardie, où il y avait également des semences de révolte, ne lui échapassent durant son éloignement. Jean de Brienne fit valoir, en cour de Rome, cette situation inquiétante qui ne permettait pas à l'empereur de remplir ses promesses tant de fois répétées ; il obtint un délai de deux années, moyennant de nouveaux serments qui furent faits, comme tous les autres, avec la plus grande solennité.

Le roi Jean de Brienne s'applaudissait d'avoir l'empereur d'Allemagne pour gendre et pour appui ; sa joie ne fut pas de longue durée. Frédéric, après son mariage, ne vit plus en lui que le frère de ce Gauthier de Brienne qui avait porté le titre de roi de Naples et de Sicile ; il le regarda comme un ennemi de sa puissance, comme un rival dangereux, et lui disputa la possession du royaume de Jérusalem. Le pape Honorius, affligé de cette conduite de l'empereur envers son beau-père, lui écrivit des lettres sévères où il lui représente avec énergie le scandale qui en résultait dans tout le monde catholique, le préjudice qu'il causait à la Terre-Sainte, l'injure qu'il faisait au siége apostolique, et la honte qui en retombait sur lui-même ; il l'exhortait fortement à rétablir dans ses droits un prince à qui il devait tant de reconnaissance, et qui pouvait encore lui rendre d'éminents services. Mais Frédéric, persuadé que le pape avait trempé dans les intrigues de Gauthier de Brienne avec le roi Jean, et convaincu qu'il était le principal instigateur de la révolte des républiques lombardes, non-seulement ne tint pas compte des lettres pontificales, mais recommença ses persécutions contre l'Eglise.

XXII.

Le roi de Jérusalem, dépouillé de sa couronne, se réfugia à Rome, sous la protection du Saint-Siége. Honorius, pour le consoler, lui confia le gouvernement des terres patrimoniales du prince des apôtres ; il lui en assigna les revenus, et expédia des lettres-patentes dans les états pontificaux, avec ordre de recevoir son lieutenant avec joie et de lui obéir comme à un autre lui-même. Le prétexte qu'alléguait Sa Sainteté de fournir à Jean de Brienne de quoi pouvoir soutenir son rang avec dignité n'avait rien que de très-plausible ; mais l'ambitieux Frédéric comprit bien que c'était un adversaire redoutable qu'on protégeait contre lui. Grégoire IX, qui succéda à Honorius au mois d'avril 1227, parut, dans les commencements de son pontificat, négliger un peu les intérêts personnels du roi Jean, pour s'occuper des préparatifs de la croisade. Du reste, Jean de Brienne n'avait pas voulu profiter des avantages dont l'avait honoré le prédécesseur de Grégoire ; il appréhendait de donner à l'empereur Frédéric sujet de se venger, par de mauvais traitements sur son épouse Yolande, de tous les mécontentements qu'il prétendrait lui avoir été causés par son beau-père. Il se flattait aussi, peut-être, que ce prince ouvrirait enfin les yeux et lui rendrait justice. Dans ces pensées, il vivait retiré au milieu des terres que sa maison possédait en Champagne, où il attendait, dans le silence, une occasion favorable pour retrouver un royaume.

Bientôt, apprenant que, malgré ses procédés pleins de modération, l'impératrice Yolande, sa fille, n'en était pas moins malheureuse avec Frédéric, il résolut de ne plus garder tant de ménagements à l'égard du brutal empereur d'Allemagne ; il vint à Boulogne avec la reine Bérengère, son épouse, dans le dessein d'aller s'embarquer à Venise pour retourner dans la Palestine ; il était persuadé que le perfide Frédéric n'avait nulle envie de passer en Orient, et il ne doutait pas qu'à son arrivée toutes les colonies chrétiennes ne rentrassent volontiers sous son obéissance. Pour faire échouer ce projet de Jean de Brienne, l'empereur, aux fêtes de Pâques de l'année 1228, tint une assemblée solennelle dans la plaine de Barletta, petite ville de la Pouille, où il parut sur son trône revêtu de la croix des pèlerins ; et, tout excommunié qu'il était, il annonça son départ pour la Syrie. Afin de jouer complètement la comédie, Frédéric lut son testament au milieu de la réunion pompeuse de seigneurs dont il était entouré. Le pape envoya une ambassade à Frédéric pour lui défendre de partir pour la croisade avant d'être relevé de l'anathème qui pesait sur lui ; mais l'empereur, rebelle aux lois divines, ne s'embarqua pas moins à Briudes, au mois d'août

1228; il n'emmenait avec lui que vingt galères et six cents chevaliers. Il fut d'abord reçu à Ptolémaïs comme un libérateur, par le patriarche de Jérusalem et par les grands-maîtres des ordres militaires; mais deux religieux franciscains, députés par le pape, annoncèrent aux fidèles qu'ils avaient accueilli un prince en révolte contre l'Eglise. Aussitôt tout le monde se défia de Frédéric, qui n'était point, d'ailleurs, suivi de troupes assez nombreuses pour attaquer les infidèles. On refusa de lui obéir, et il fut obligé de donner ses ordres au nom de Dieu et de la république chrétienne. De son côté, le sultan se trouvait exposé au fanatisme de ses soldats, qui voyaient avec colère ses accointances avec l'empereur. Les deux souverains se hâtèrent de négocier; ils conclurent une trève de dix ans, par laquelle la ville sainte, Nazareth et Bethléem, furent rendues à Frédéric; mais les musulmans conservèrent le quartier du Temple et une mosquée dans Jérusalem. Chrétiens et Sarrasins éclatèrent contre cette paix sacrilège qui, d'ailleurs, n'était qu'illusoire et presqu'une moquerie; car la ville, ni défendue ni fortifiée par Frédéric, devait retomber aux mains des musulmans dès les premières hostilités. « Son but, disait l'empereur lui-même aux Sarrasins, n'avait été nullement la délivrance des saints lieux, mais seulement la crainte de perdre son crédit dans l'Occident. » Néanmoins, heureux de montrer qu'un prince excommunié faisait plus pour la cause catholique que toutes les armes des Latins depuis quarante ans, il se dirigea sur Jérusalem, et y entra en triomphe, au milieu de la consternation des chrétiens. Les prêtres s'enfuirent, à son approche, du divin sépulcre, et il fut obligé, la nuit, furtivement, de prendre lui-même la couronne sur l'autel; et les voûtes sacrées ne retentirent que des bruyantes acclamations de ses guerriers.

Pendant ce temps, Raynault, que l'empereur Frédéric avait laissé régent de Naples et de la Sicile, Berthold, son frère, et plusieurs de leurs partisans, exerçaient de cruelles hostilités non-seulement dans l'intérieur du royaume, mais encore sur le patrimoine de Saint-Pierre; ils pillaient les villes, ravageaient les campagnes, mutilaient les prisonniers affectionnés au Saint-Siége, et se livraient à toutes sortes de violence. Le pape Grégoire IX, chassé de l'état pontifical, prononça deux fois l'anathème contre le descendant des Hauenstauffen; et, comme le glaive spirituel ne suffisait pas pour dompter ce terrible ennemi de l'Eglise, il arma contre lui le glaive matériel. Jean de Brienne, dans cette querelle du sacerdoce et de l'empire, au milieu de cet acharnement réciproque des Guelfes et des Gibelins, mit son épée au service de la papauté.

Ce prince, déjà irrité contre un gendre qui l'avait dépouillé d'une manière si indigne de ses Etats, avait d'autres motifs bien plus forts de se venger de ce barbare époux qui s'était rendu coupable envers lui de la mort de l'impératrice sa fille. L'infortunée Yolande avait à sa cour une de ses nièces, jeune princesse d'une rare beauté ; le voluptueux Frédéric, qui en était devenu amoureux, osa en faire publiquement sa maîtresse. L'impératrice, profondément blessée de cet affront, ne put s'empêcher de témoigner son ressentiment. Frédéric, violent dans sa passion, s'emporta jusqu'à frapper la malheureuse Yolande ; ensuite, il conçut du dégoût pour elle et la tint captive dans son palais ; il fut même soupçonné de l'avoir fait emprisonner peu de jours avant de partir pour la guerre d'Orient.

Ces justes motifs d'indignation, se joignant dans le noble cœur de Jean de Brienne au désir de combattre pour la cause du catholicisme, le déterminèrent à se faire le champion de la papauté. Il accepta volontiers l'exarchal de Ravenne et le gouvernement de la Romagne, avec le titre de généralissime des troupes pontificales. Ensuite, il entra dans la marche d'Ancône avec le cardinal Colonne, légat du Saint-Siége, chassa Raynauld et Berthold de toute la Marche et du duché de Spolète, reprit toutes les places conquises, et soumit toutes les cités rebelles. Le chroniqueur Albéric assure que ce brave prince s'empara en quelques jours de plus de soixante forteresses de la domination allemande. L'empereur Frédéric apprit toutes ces tristes nouvelles à Ptolémaïs.

« Excellentissime seigneur, lui écrivait Thomas, comte d'Aterre, après le départ de votre majesté, Grégoire, pontife de Rome, ennemi déclaré de votre magnificence, ayant assemblé une puissante armée sous les ordres de Jean de Brienne, jadis roi de Jérusalem, et d'autres grands capitaines qu'il a mis à la tête de ses troupes, est entré dans vos Etats, déterminé à vous abattre par le glaive matériel, ne pouvant en venir à bout, comme il le dit, par le seul glaive spirituel. Car Jean de Brienne, ayant fait de grandes recrues en France et dans les provinces voisines, dans l'espérance de parvenir à l'empire, s'il peut vous renverser de votre trône, soudoie toutes ces troupes avec les sommes qui lui sont fournies par le trésor apostolique. Jean de Brienne, de concert avec les autres chefs de l'armée pontificale, ayant donc envahi les villes et provinces de votre majesté, portent le fer et la flamme, brûlent les maisons, ravagent les campagnes, désolent les troupeaux, obligent les prisonniers à se racheter par des rançons considérables, n'épargnent ni âge ni sexe, et ne permettent pas qu'on ensevelisse les morts en terre sainte ; enfin, ils s'emparent de toutes les places fortes, sans égard aux services que vous rendez actuellement à la cause du Christ dans la Palestine ; que, si quelqu'un s'avise de faire mention de l'empereur et veut s'autoriser de son nom, Jean de Brienne soutient et proteste qu'il ne connaît point d'autre empereur que lui-même........ Mettez donc ordre, très-puissant empereur, à la sûreté de votre personne sacrée et de votre honneur ; et sachez que Jean de Brienne a mis une garnison sur tous les ports de deçà de la mer, pour y exercer une surveillance continuelle, afin que si, par ignorance du fait, ou par quelqu'autre malheur imprévu, vous y alliez débarquer au retour de votre voyage, il pût se saisir de votre personne, ce que je prie Dieu de vouloir détourner. »

Cette lettre, écrite sous l'influence des animosités gibelines, rapportait beaucoup de circonstances inexactes ou exagérées. Il était faux, surtout, que Jean de Brienne se portât pour empereur d'Occident, ou qu'il se flattât de le devenir. Mais la missive, quoique d'un style un peu acerbe, donne une haute idée du mérite de ce prince, dont elle renferme un éloge d'autant moins suspect qu'il vient de la part d'un ennemi. Elle fait ressortir l'étendue de son génie, l'autorité qu'il exerçait alors en Italie, où il était comme le mobile de toutes les entreprises, la vivacité et la variété de ses mouvements stratégiques, la justesse de ses vues, le détail des mesures nombreuses qu'il avait prises pour anéantir en quelque sorte la puissance de l'empereur d'Allemagne, et pour le punir, dans le sein de ses propres Etats, de tout le mal qu'il pouvait faire dans le royaume de Jérusalem qu'il lui avait si indignement ravi.

A son retour en Italie, Frédéric trouva une guerre plus sérieuse que celle qu'il venait de soutenir en Asie. Non seulement le souverain Pontife avait levé des troupes pour ravager ses Etats, il avait soulevé contre lui les républiques lombardes. La

présence du souverain est toujours d'un si grand poids pour
faire rentrer ses sujets rebelles dans le devoir! A peine l'empereur eut-il mis le pied dans ses provinces d'Italie, que ses partisans reprirent courage et se sentirent animés d'une nouvelle
ardeur. Ses ennemis, au contraire, furent comme glacés d'effroi. Les villes qui avaient secoué le joug eurent recours à sa
clémence; il en força plusieurs autres à se soumettre à ses
armes victorieuses. Le pape, alarmé des progrès de Frédéric,
retira Jean de Brienne de la Romagne pour l'opposer à l'empereur. Ce prince fut en effet comme une digue qui suspendit un
peu la rapidité du torrent de l'invasion allemande; il alla rejoindre l'armée du légat Pélage, s'empara de Sore, assiégea
Gaëte, et resta maitre de plusieurs autres places, sans que
Frédéric pût les reconquérir. Malgré ces premiers succès, les
troupes pontificales furent dispersées; et Grégoire IX, apprenant que la fortune abandonnait ses drapeaux, appela de nouveau à son secours les foudres de l'Eglise. Il déclara excom-
munier tous ceux qui entretiendraient quelque commerce avec
l'empereur, qui s'assiéraient à sa table, assisteraient à ses con-
seils, célébreraient devant lui le service divin, et lui donneraient
quelques marques d'attachement et de respect. Frédéric, effrayé
de cette terrible sentence, qui fut publiée avec solennité dans
toute l'Europe, envoya des ambassadeurs au pape, se soumit,
s'humilia, et obtint enfin son pardon avec la paix.

XXIII.

La trève était à peine conclue, lorsque tout-à-coup un nouveau cri d'alarme retentit dans l'Occident. L'empire des Latins,
à Constantinople, était réduit à la dernière extrémité. Après le
règne de Baudouin de Flandres et de son frère Henri, la famille
des Courtenay, héritière de la couronne du grand Constantin,
n'avait connu des splendeurs du diadême que les chagrins et
les revers qu'elles entraînent après elles dans un empire qui
s'écroule. Pierre de Courtenay, comte d'Auxerre, lorsqu'il allait
prendre possession du trône de Baudouin, fut surpris dans la
Macédoine et massacré par les ordres du perfide Théodore
Comnène, prince d'Epire. Peu de temps après, l'impératrice,

qui s'était rendue par mer à Constantinople, mourut de douleur en apprenant la fin tragique de son époux. Robert de Courtenay, second fils de Pierre, ne monta sur le trône que pour voir la rapide décadence de l'empire latin. Vaincu dans une sanglante bataille par Vatace, successeur de Lascaris, il perdit toutes les provinces situées au-delà du Bosphore et de l'Hellespont. D'un autre côté, le prince d'Epire s'empara de la Thessalie et d'une grande partie de la Thrace. Constantinople, menacée par des ennemis formidables, voyait, du haut de ses tours, flotter les étendards des Grecs de Nicée et des Barbares du mont Hémus. Lassé de l'inutilité de quelques efforts sans suite, le faible Robert se laissa aller à son indolence naturelle, et ne songea plus qu'à ses plaisirs. Un acte atroce de vengeance de ses barons l'arracha soudain à sa voluptueuse léthargie. Indignés de ce que son amour pour une fille de Baudouin de Neuville l'éloignait d'une alliance politique avec Eudoxie, fille de Théodore Lascaris, ils firent un jour irruption dans le palais et jusque dans la chambre de l'empereur; se saisirent de la mère et la jetèrent à l'eau ; puis ils coupèrent le nez et les lèvres de la jeune fille dont la beauté avait touché le cœur de Robert. Celui-ci, sentant son impuissance à se venger, s'enfuit à Rome pour solliciter du pape une punition qu'il était hors d'état d'infliger lui-même ; mais Grégoire IX parvint à le calmer et à le déterminer à retourner dans sa capitale. Chemin faisant, d'Ancône à Constantinople, il s'arrêta quelques jours en Morée, où Geoffroi de Villehardouin l'accueillit avec les plus grands honneurs. Là il tomba malade et mourut en 1228.

L'empire chancelant resta encore sans chef, avec un successeur mineur, Baudouin II, âgé d'environ dix ans, frère du défunt. Aucun des feudataires ne possédait une autorité assez incontestée pour qu'on lui confiât la régence ; et d'ailleurs, si l'on avait besoin d'un homme qui, par l'ascendant de son caractère, sût se faire respecter de vassaux assez violents pour mutiler une jeune et belle fille parce qu'ils la croyaient mariée secrètement à l'empereur après avoir été fiancée à un gentilhomme bourguignon de leurs complices, et pour noyer sa mère sous ses yeux, il fallait aussi un régent qui inspirât assez de confiance dans l'Occident pour obtenir du pape et des autres souverains des secours en hommes et en argent. Jean de Brienne, célèbre par sa bravoure et par son habileté, se trouvait en ce moment en Italie, où il commandait les armées pontificales contre l'empereur Frédéric, son gendre. Ce fut sur ce grand et beau vieillard de quatre-vingts ans, plein de vigueur et d'activité, qu'on jeta les yeux pour protéger l'enfance de Baudouin II. Le baile de l'empire, Narjot de Toucy, et les autres barons français lui députèrent Vilain d'Aunoy et Pont de Lyon pour s'entendre avec lui sur les conditions auxquelles il consentirait à se joindre à eux. Après de longues négociations, qui exigèrent plusieurs voyages des envoyés à Constantinople, on tomba enfin d'accord, et un traité fut signé par le roi Jean d'une part, et par Vilain d'Aunoy et Guillaume de Douai d'une autre part, en avril 1230, au nom du baile Narjot de Toucy et des barons de l'empire. Il y est stipulé :

1º Que le jeune Baudouin sera fiancé avec Marie, fille de Jean de Brienne, et que le mariage aura lieu lorsque tous deux seront en âge ;

2º Que Jean de Brienne sera revêtu de la dignité impériale et couronné empereur de Constantinople, et qu'il possédera cette dignité toute sa vie avec tous ses droits ;

3º Qu'il se chargera de pourvoir honorablement à l'entretien de Baudouin durant sa minorité, qui se prolongera jusqu'à l'âge de vingt ans ; qu'à cet âge de vingt ans Baudouin obtiendra toutes les terres possédées en Asie par les Latins, telles que le royaume de Nicée et le duché de Neo-Castro, sauf les fiefs déjà concédés à divers seigneurs, et excepté aussi le duché de Nicomédie qui sera réservé à l'empereur de Constantinople ;

4º Qu'à la mort de Jean de Brienne, Baudouin lui succédera à l'empire, et qu'alors il sera réservé aux héritiers de Jean de Brienne, et au choix de celui-ci, soit les provinces d'Asie, soit les provinces d'Europe, disputées par les Comnène et deux des descendants des princes bulgares, à l'exception du royaume de Bulgarie réservé à Asan, du duché de Philippopolis réservé aux héritiers de Gérard de Stroïm et du royaume de Salonique ;

5º Que tous les feudataires immédiats de l'empire feraient hommage-lige au roi Jean de Brienne pour toute sa vie, et serment de fidélité contre tout homme pouvant vivre et mourir, à l'exception de Baudouin qui, parvenu à l'âge de vingt ans, jurerait d'observer les engagements stipulés.

Telles furent les principales conditions de ce traité, à la suite duquel Jean de Brienne fit ses préparatifs de départ. Il ne quitta cependant Venise, avec les quelques troupes de renfort qu'il emmenait avec lui, qu'en septembre 1231. Il fut couronné en grande pompe par le patriarche Simon, dans la basilique de Sainte-Sophie, avec l'impératrice Bérengère, son épouse. On attendait beaucoup de son activité, et déjà on ressaisissait par l'espérance tout ce qui avait été repris par les Grecs depuis la fameuse conquête franque. Le désappointement fut grand quand on le vit se renfermer immobile pendant deux années entières dans les murs de Constantinople, soit qu'il craignît de hasarder sa gloire passée dans des expéditions inégales, soit que les délices du repos et cette vie de luxe oriental lui parussent douces après tant de rudes travaux et d'austères privations, soit qu'en effet, comme l'assurent quelques contemporains, l'avarice eût pris sur lui l'empire funeste que ce vice exerce trop souvent sur les vieillards. Aussi la plupart des hommes d'armes qu'il avait amenés avec lui comme stipendiaires, l'abandonnaient pour aller chercher, même chez les ennemis, une solde et des combats. Les flottes des Vénitiens, des Pisans et des Anconitains, ne voyant plus aucune sûreté pour elles dans un avenir prochain, se préparaient à se débander et à retourner momentanément chez elles. Enfin, ceux des Grecs qui s'étaient attachés à la fortune des Francs, et en avaient reçu des honneurs et des bienfaits, songeaient à se dérober peu à peu de Constantinople pour aller trouver l'empereur grec, ou lui envoyer leurs enfants, tels que le père de l'historien Georges Acropolite, qui nous raconte lui-même son départ à l'âge de onze ans, tant on se hâtait de s'isoler d'une monarchie chancelante qui menaçait de tout ensevelir sous ses débris !

XXIV.

L'inaction de Jean de Brienne avait sa véritable cause dans son impuissance à ne rien entreprendre prudemment pour la restauration de l'empire latin. En effet, ce vieux prince, qui n'était pas riche de son fond, et qui depuis assez longtemps avait été obligé de vivre des bienfaits d'autrui, se trouvait très-peu secouru. Sans doute le nouvel empereur, avec sa poignée de braves, était encore plus fort que ses ennemis pris séparément, et sa seule renommée le rendait redoutable à leurs yeux ; mais ils avaient habilement manœuvré pour le brider et le tenir en échec. En même temps que sous le faux-semblant d'une disposition à soumettre lui et les siens à l'obédience de Rome, l'empereur grec Théodore Vatace obtenait du pape de cesser toute prédication en faveur des Latins de Constantinople, faisant promener en Orient, sous prétexte d'une conférence finale, les frères mineurs Aimond et Raoul et les frères prêcheurs Hugues et Pierre, il agissait auprès du roi de Bulgarie, Jean Asan, pour le déterminer à former une ligue offensive et défensive contre l'empire latin réduit dès-lors à une possession territoriale excessivement circonscrite autour de Constantinople. Des troubles intérieurs l'empêchèrent cependant d'agir immédiatement, et Jean de Bulgarie profita du délai pour lui enlever valeureusement quelques places voisines de Cyrique. Enfin, l'empereur grec et le monarque bulgare réunirent leurs forces sur la côte de Gallipoli, et marchèrent sur Constantinople. Jean de Brienne, qui prévoyait cette attaque, avait vainement sollicité des secours d'hommes et d'argent de tous les souverains d'Occident, et fait appel à tous les vassaux, à tous les alliés de son empire. Le champenois Geoffroi de Villehardouin fut le seul qui lui envoya sur-le-champ des secours effectifs en argent, et prépara des levées d'hommes ; mais, avant qu'il eût eu le temps de réunir les bâtiments nécessaires et de les approvisionner, Asan et Vatace étaient aux portes de Constantinople avec une armée d'environ cent mille hommes.

Constantinople n'avait point encore été dans un plus grand danger, et c'était là sans doute une des plus affreuses situations où Jean de Brienne se fût encore trouvé ; mais, loin de s'alarmer du péril, il sembla que le péril même rallumât un nouveau feu dans ses veines et lui donnât de nouvelles forces. Ce vieillard vénérable, âgé de plus de quatre-vingts ans, mais sain de corps et d'esprit, et plein d'une verdeur qui ne se sentait en rien du nombre de ses années, parut rajeunir en quelque sorte en ce moment fatal, semblable à un flambeau qui ne brille jamais d'une lumière plus vive et plus étincelante que lorsqu'il est sur le point de s'éteindre. Tout ce qu'on pouvait désirer du génie d'un habile général, du courage d'un héros, de la sagacité d'un grand capitaine, de l'intrépidité d'un soldat, il le déploya en cette occasion, tellement que les poètes de son époque le comparaient à Hector, à Roland, à Judas Machabée, et à tous les plus fameux hommes de guerre. Animé d'une audace et d'une fierté noble que donne le pressentiment de la victoire, il ne voulut point se renfermer dans l'enceinte de ses murailles. Il laissa toute son infanterie dans les différents quartiers de la place, et sortit à la tête de sa cavalerie, qui consistait en cent soixante chevaliers avec leurs écuyers, et un petit nombre de sergents à cheval, mais aguerris et sûrs. Là, les ayant partagés en trois corps, dont Jean de Béthune conduisait le premier, il les posta le long des murs, à portée de voler au secours de tous les quartiers où l'attaque serait plus vive et le combat plus acharné. Ensuite, dans une chaleureuse harangue, il leur dit qu'ils tenaient entre leurs mains la conservation ou la perte de la ville impériale, la vie ou la mort de tous les Français répandus dans la Grèce ; il ajouta que, combattant pour la religion, pour l'honneur, pour tout ce qu'ils avaient de plus cher au monde, cette journée devait les couronner d'une gloire immortelle, ou les couvrir d'une éternelle infamie. Sa parole entraînante fit passer dans leurs cœurs l'ardeur martiale qui brillait dans ses yeux et dans tous les mouvements de son corps ; de sorte que, saisis du même transport que lui, ils avaient mille peines d'attendre dans leurs postes le moment d'en venir aux mains.

Enfin, Asan et Vatace donnèrent le signal de l'assaut ; le premier choc se produisit avec beaucoup de vigueur et d'animosité de part et d'autre, mais la petite troupe de chevaliers, d'écuyers et de sergents, qui avaient Jean de Brienne à leur tête, aussi supérieurs à leurs ennemis en bravoure qu'ils leur étaient inférieurs en nombre, attaquèrent d'une manière si furieuse et si déterminée, que le désordre se mit partout dans les quarante-cinq bataillons des Grecs et des Bulgares précipités les uns sur les autres. Asan et Vatace furent entraînés eux-mêmes dans la fuite. A la vue de ce désastre, les fantassins qui étaient restés dans l'intérieur de la ville pour contenir les Grecs, se jetèrent hors des portes du côté où l'empereur Théodore Vatace avait fait ancrer ses nombreux vaisseaux, massacrèrent les Grecs impériaux surpris par une si brusque attaque, pillèrent toutes leurs richesses, et de ces nombreux vaisseaux en ramenèrent vingt-quatre prisonniers à Constantinople. Il eût sans doute été facile aux Grecs de l'intérieur de la ville de profiter de cette sortie imprudente pour s'emparer de Constantinople ainsi dégarnie, et en fermer les portes aux Français ; mais ils avaient été tellement frappés de cette déroute complète d'une aussi grande armée, par ce petit nombre de chevaliers invincibles, qu'ils ne semblent pas avoir songé à un soulèvement. Ils attendaient immobiles que la victoire leur désignât un maître.

L'empereur grec et le roi bulgare, honteux de cette sanglante défaite, n'en furent que plus ardents à réunir pour l'année suivante, 1236, de nouvelles forces, afin de prendre une éclatante revanche. Jean de Brienne se prépara de son côté, en renouvelant son appel au pape, qui, averti cette fois par le bruit de la victoire passée et des armements prochains des Grecs et des Bulgares, écrivit de toutes parts pour réclamer des secours et promettre des indulgences. Les Vénitiens et les Pisans avaient compris enfin que la ruine de la cause française à Constantinople entraînait leur propre ruine commerciale, en facilitant l'ascendant de leurs rivaux les Génois, toujours plus enclins à se tourner du côté des Grecs, par dépit d'être restés étrangers aux premiers grands résultats de cette quatrième croisade ; ils firent donc de nombreux armements. Celui de tous qui rendit les services les plus prompts et les plus efficaces à ses compatriotes de Constantinople, fut le prince de Morée, Geoffroi II de Villehardouin. Il confia l'administration de son pays à son jeune frère Guillaume, s'embarqua sur une flotte de cent vingt bâtiments de toute grandeur, et emmena cent de ses plus braves chevaliers, trois cents arbalétriers et cinq cents archers. Les ennemis comptaient bien intercepter tout secours qui pourrait survenir à Jean de Brienne. Geoffroi se fit jour au milieu d'eux, coula à fond quinze de leurs meilleurs bâtiments, et entra triomphant à Constantinople, apportant avec lui l'espérance du succès. Les Vénitiens profitèrent habilement en ce moment de la stupeur profonde et du désordre de la flotte ennemie, firent sortir de Constantinople seize de leurs bâtiments sous la conduite du baile Jean Michieli, et, aidés de quelques bâtiments pisans et génois, ils achevèrent la dispersion complète des assiégeants.

XXV.

Le 23 mars de l'année suivante, 1237, le vieux roi Jean de Brienne termina sa longue carrière en disputant aux Barbares les restes d'une puissance que les armes avaient fondée, et dont

les misérables débris ne purent être sauvés par les prodiges de
la valeur. Les ruines qui l'entouraient à ses derniers moments
durent lui faire sentir le néant des grandeurs humaines. En effet,
las du poids d'une couronne qui avait plus d'épines que de fleurs,
il demandait souvent à Dieu, avec beaucoup de ferveur, qu'il vou-
lût bien mettre fin à ses angoisses et l'appeler à lui. On raconte
qu'un vénérable vieillard lui apparut en songe, tenant en main
l'habit de saint François d'Assise, une corde et des sandales, et
lui dit : « Jean, tu souhaites d'être éclairé sur le temps et sur
le genre de ta mort, sache que c'est la volonté de Dieu que tu
meures dans ce vêtement de pénitence. » Le vieil empereur, en
qui l'effort de l'imagination avait produit une impression vive
et involontaire, se réveilla en poussant de grands cris. Les deux
nuits suivantes, il eut la même vision ; alors il demanda le père
Ange, religieux franciscain, son confesseur, et lui révéla tous
les détails de l'apparition mystérieuse qu'il avait eue pendant
son sommeil. Le révérend Père, qui s'était trouvé en proie aux
mêmes songes, le confirma dans la pensée qu'il y avait quelque
chose de surnaturel dans cette vocation extraordinaire, et qu'il
devait se disposer à obéir aux volontés de la divine Providence.
A son lit de mort, Jean de Brienne, fidèle aux avis de son direc-
teur spirituel, déposa la pourpre impériale et voulut rendre les
derniers soupirs sous l'habit d'un cordelier. Il répétait sans
cesse, durant sa maladie : « O mon très-doux Jésus, qu'il vous
plaise qu'après avoir vécu dans les délices, revêtu d'habits
somptueux et environné de toute la pompe du siècle, je puisse,
ainsi que je le désire avec ardeur, suivre les traces de votre
pauvreté et de votre humilité, couvert de ce cilice, et mendiant
mon pain de porte en porte ! » Quel sublime enseignement ! Un
simple chevalier français assis, pendant quelques jours, sur
deux trônes près de s'écrouler, gendre de deux rois, beau-père
de deux empereurs, Jean de Brienne ne laissa, en mourant, que
le souvenir de ses exploits et l'exemple de toutes les vertus militaires et chrétiennes.

Jean de Brienne, marié trois fois, avait à peine vécu un an
avec chacune de ses deux premières épouses ; la troisième, en
qui la piété ne démentait pas le sang de Ferdinand-le-Catholique,
son frère, ni celui de saint Louis, roi de France, son cousin-
germain, ne put lui survivre que pour le suivre immédiatement
dans le tombeau. Cette princesse, nommée Bérengère de Castille,

lui avait donné une fille et trois garçons. La fille épousa Baudouin de Courtenay, empereur de Constantinople. Louis IX prit soin des garçons et les établit dans une position en harmonie avec l'illustration de leur naissance. Jean, surnommé d'Acre, fut grand bouthilier de France, et épousa Marie de Coucy, veuve d'Alexandre, second roi d'Ecosse. Alphonse, comte d'Eu, par sa femme, fut grand chambellan et eut une longue postérité où l'on remarque deux connétables de France. Le troisième, Louis, vicomte de Beaumont, maria une de ses filles dans la maison des comtes de Laval et de Vitré.

Le jeune Beaudouin, qui avait épousé la fille de Jean de Brienne, et qui devait lui succéder, ne put recueillir son déplorable héritage. Sorti comme un fugitif de sa capitale, il parcourait l'Europe dans une attitude suppliante, bravant les mépris des rois et des peuples ; spectacle digne de pitié ! un successeur des Césars, revêtu de la pourpre et ceint du diadème, s'en allait de pays en pays implorer la charité des fidèles, mendier des secours réservés à l'indigence, et que souvent il n'obtenait pas ! Pendant les pérégrinations de ce pauvre empereur à Rome, en France, en Angleterre et en Allemagne, Constantinople sacrifiait, pour sa défense, jusqu'aux reliques, objet de la vénération du peuple, et dernier trésor de l'empire. Le souverain Pontife fut touché de la misère et de l'abaissement de Baudouin, et ne put entendre sans pitié les gémissements de l'Eglise latine de l'Orient ; il publia une nouvelle croisade pour sa délivrance. Les croisés de la Terre-Sainte furent invités à secourir leurs frères de Constantinople, mais les exhortations du Saint-Siége ne produisirent qu'un faible soulagement ; les esprits étaient divisés : les uns voulaient défendre l'empire des Latins, les autres le royaume de Jérusalem. Enfin, sous les Paléologues de Nicée, le 25 juillet 1261, Constantinople rentra sous la domination des empereurs byzantins.

*(Extrait de l'*ANNUAIRE DE L'AUBE*. — 1859.)*

TROYES, TYP. BOUQUOT.